99・9%解決できる!

借金問題解決法

弁護士
神坪浩喜

みらい PUBLISHING

はじめに　――借金問題で悩んでいる方へ

本書を手にとっていただき、ありがとうございます。本書を手にとっていただいたということは、今、あなたは借金問題で悩んでおられるのかも知れませんね。

借金問題の悩みは、大変辛いものです。借金問題の悩みは、家庭不和の原因や健康を害する要因にもなります。うつ病にかかり、ひいては自ら命を絶ってしまう人もいます。日本では、毎年約2万人の自殺者がいますが、そのうちの多くは、経済的な問題といわれています。

そして、今般の新型コロナウイルス感染症の影響で仕事を失ったり、大幅な減収となったりして経済的に困り、借金問題に悩んでいる人も多くいることでしょう。

期限までに支払いができないと、貸金業者はすぐに督促の電話をしてきます。貸金業者からの取り立ての電話が毎日のように来るようになると、仕事も手につかなくなるでしょう。いつも借金のことばかりを考えるようになり、またいつ取り立ての電話が来るかと、不安になります。そのような状況下では、精神的なストレスは相当なものです。そのストレス発散のために、ギャンブルやアルコールに依存してしまう人もいます。また、メンタルをやられてしまう人も少なくありません。

それに、借金問題の悩みは、人に相談しづらいものです。家族にさえ内緒にして、誰にも相談できず一人で悩んでいる人も多いことでしょう。一人だけで問題を抱え込んでしまうことは、とても辛いことです。

今、本書を手にとってくれたあなたも、誰にも相談できずに、何か解決する方法がないかと、わらをもつかむような気持ちで、本書を読み始めてくれたのかも知れません。

本書は、まさに、そのようなあなたのために書かれた本です。借金問題に悩み、誰にも相談できず、それでも何とか借金問題を解決する道はないかと模索している人に向けて、実践的な「借金問題解決法」をとにかくわかりやすく説明した本です。

ご挨拶が遅れました。私は、仙台で弁護士をしている神坪浩喜と申します。

２０００年に弁護士になってから、借金問題や離婚、相続といった身近な法律問題の相談、解決をやってきました。特に、借金問題で悩んでいる人の相談を多く受け、自己破産、個人再生、任意整理といった解決法を用いて、依頼者の借金問題の解決をサポートしてきました。

その経験から、借金問題で悩んでいる人に、ぜひ知っていただきたいことは、「借金問題は、放っておけばどうにもならないが、解決に向けて行動すれば解決できる」ということです。

借金問題は、立ち向かえば99・9％解決できるのです。

そして「早めに弁護士に相談してほしい」ということです。弁護士に相談してみれば、自分に最適な解決方法を見つけることができると思います。

とはいえ、弁護士に相談することも勇気がいるかも知れません。弁護士はどうも敷居が高いと考えている人も多いことでしょう。

そこで、本書は、なかなか弁護士に相談することができないけれど、問題解決法について知りたい、自分がどうすればいいのかヒントを得たいと考えている人に向けて、わかりやすく書いた本です。

私が、常日頃、借金問題の相談を受け、相談者に向けて話していること、よく質問されることに対する回答を、ほぼそのまま書きました。

読んでいけば、あたかも弁護士と相談しているような気持ちになることでしょう。弁護士に相談や事件を依頼したときのイメージも湧くことと思います。

そうしたイメージ、借金問題解決の基本的な知識を身につけることで、弁護士に相談する勇気も湧いてくると思います。

そして、実際に、弁護士を探して、弁護士に相談してみてください。

現在は、多くの弁護士が、ホームページを持っていたり、弁護士ドットコム等のポータルサイトに登録していたりして、探しやすくなっています。相談だけでも構いませんし、相談料が無料の弁護士もいます。

弁護士の立場からしますと、多くの弁護士が「一人で悩まないで気軽に相談をしてほしい」と思っていますから、相談の申し込みは、うれしいものなのです。

本書では、弁護士に依頼せずに自分だけでできる借金整理法についてもお話をしました。「軽症」であれば、弁護士に依頼せずに、自分だけで借金問題を解決することも可能です。裁判所の**「特定調停」**を利用して、返済額を減らすことも可能です。

そして、弁護士に依頼して行う3つの借金整理法である**「自己破産」「個人再生」「任意整理」**について詳しくお話ししました。

それぞれ特徴があり、どの解決法ができるのか、また、どの解決方法が自分にとって望ましいのかがわかるように、手続きのメリットやデメリットを詳しく説明しました。

・**自己破産**は、借金をゼロにしつつも意外とデメリットが少ないこと
・**個人再生**では、借金を圧縮しつつ、マイホームを手放さなくてもいいこと
・**任意整理**では、将来利息や遅延損害金をカットできること

そのような特徴があります。

今、もしあなたが借金で悩んでいるのであれば、これからのお話がきっとお役に立つはずです。

本書をきっかけにして、あなたの借金問題が解決されることを願っています。

弁護士　神坪浩喜

第4章 弁護士による借金整理 …… 67
——任意整理、個人再生、自己破産

第5章 自己破産 …… 97

第8章 弁護士に相談する・依頼する……223

序章

借金セルフ診断

あなたの借金問題はどのステージ？

さて、あなたに借金があって悩んでいる場合、次の質問に、当てはまるでしょうか？

□借金を返済するために、別の業者から借り入れをして、返済をしている。
□借金を期限までに返済できずに、業者から督促の電話が来ている。
□借入限度額いっぱいになってしまった。
□給料のほとんどが、返済に消えてしまう。
□何社からも借り入れがあって、どこにいくら借りているのかよくわからない。
□返済をするために、別の会社で、カードを作ろうとしても作れなかった。
□借金のことで、夜よく眠れない。
□収入も資産もなく、頼れる親族や友人もなく、借金が１００万円以上ある。
□借金返済資金を得るために、パチンコや競馬をしているが結局負けている。
□住宅ローンが払えなくて、２カ月以上滞納している。

もし、これに、１つでも当てはまるようであれば、**すぐに弁護士に相談して、何らかの対応をした方がよいレベル**です。

他方で、借金はあっても、これに当てはまらないようであれば、弁護士に依頼しなくても、自分だけで借金問題を解決できる可能性があります。

病気にも軽症から重症まで、その重さがいろいろとあり、それに応じて治療法も異なります。軽ければ、単に「様子を見てください」で済みますし、重ければ、入院、手術が必要となってきます。

借金問題もその程度によって、解決法も変わってきます。

借金問題解決というと、弁護士に依頼する自己破産を思い浮かべる方もいるでしょうが、それだけではありません。自分だけでできる解決方法もありますし、弁護士に依頼する方法も、自己破産だけではありません。

自分だけで借金問題を解決できる方法としては、**収入アップ、支出の減額、毎月の返済額の減額依頼、一本化（おまとめローン）、特定調停**があります。

弁護士による借金問題解決法では、**自己破産、個人再生、任意整理**といった3つの方法があります。

自分の「症状」に適した「治療方法」を選択することになります。

軽症から重症の順にならべると

1　自分だけで解決できるステージ

①家計の見直しで対処できるステージ

　収入アップ

　生活費支出の減額

②約束返済額の減額が必要なステージ

　毎月の返済額の減額依頼

　一本化（おまとめローン）

　特定調停

2　弁護士に依頼した方がよいステージ

①任意整理ステージ

②個人再生ステージ

③自己破産ステージ

となります。あなたは、どのステージでしょうか。

先のチェックリストでは、１の自分だけで解決できるステージなのか、２の弁護士に依頼した方がよいステージなのかはわかりましたが、具体的にどのような解決方法ができるのか、望ましいのかは、**自分の現在の状況をよく確認しつつ、解決方法の要件や特徴を知って、選択をする必要があります。**

本書では、自分にとって、どのような借金問題解決法があるのか、そしてどの解決法が望ましいのかを、とにかくわかりやすくお話ししましたので、本書を読んでいただければ、自分がこれからどうすればいいのかが、よくわかると思います。

借金問題の解決に当たっては、次のようなステップを踏むことになります。

ステップ１　自分の現状把握
ステップ２　借金問題解決方法の選択
ステップ３　選択した解決方法の実行
ステップ４　返済実行（自己破産以外）

ステップ5　引き続き「収入」「生活費支出」をコントロールして、貯蓄を行い、余裕のある生活を実現する

本書では、ステップ1、2、3を中心にお話しします。

ステップ1　自分の現在状況の確認

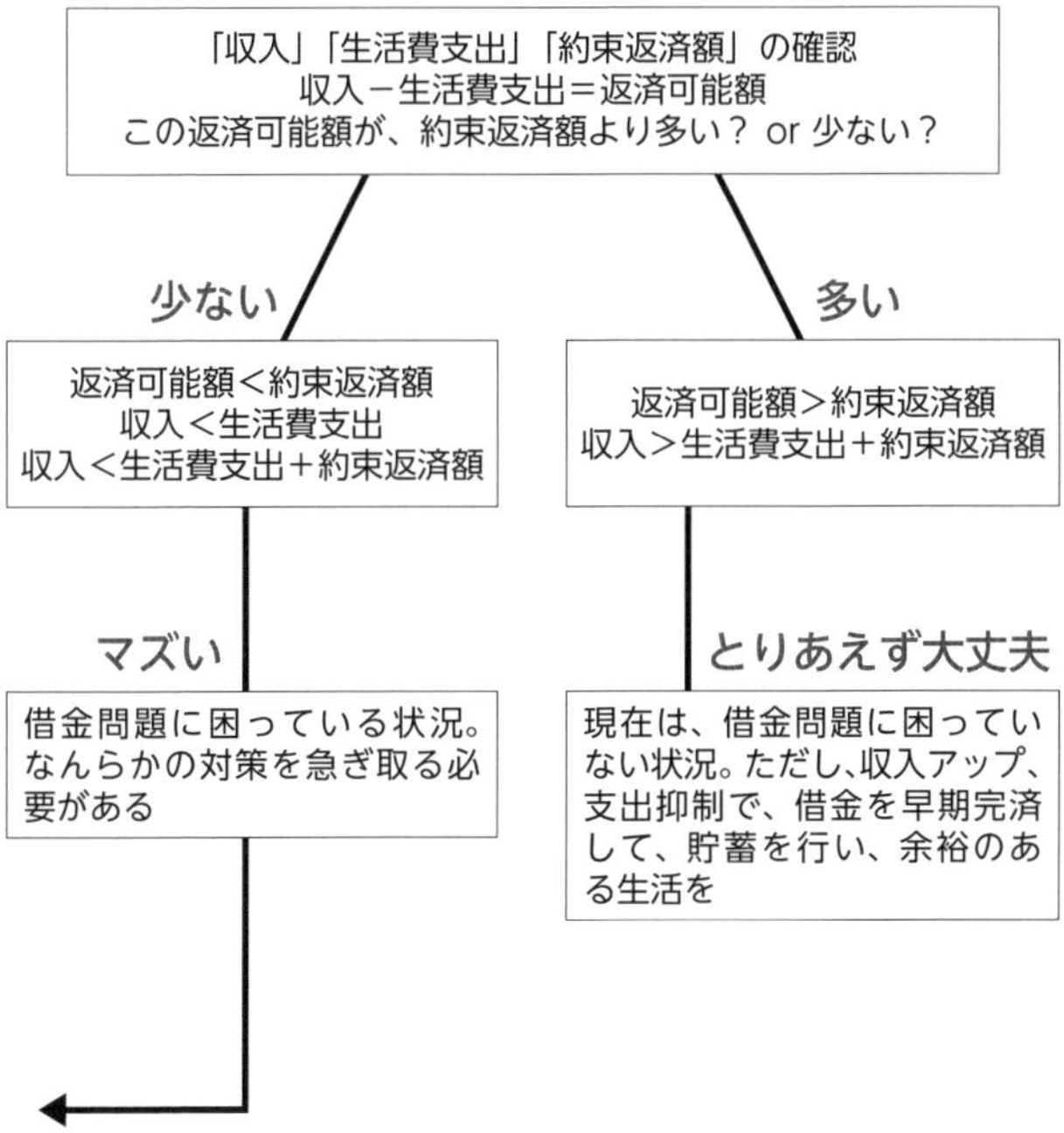

ステップ２　解決方法の選択

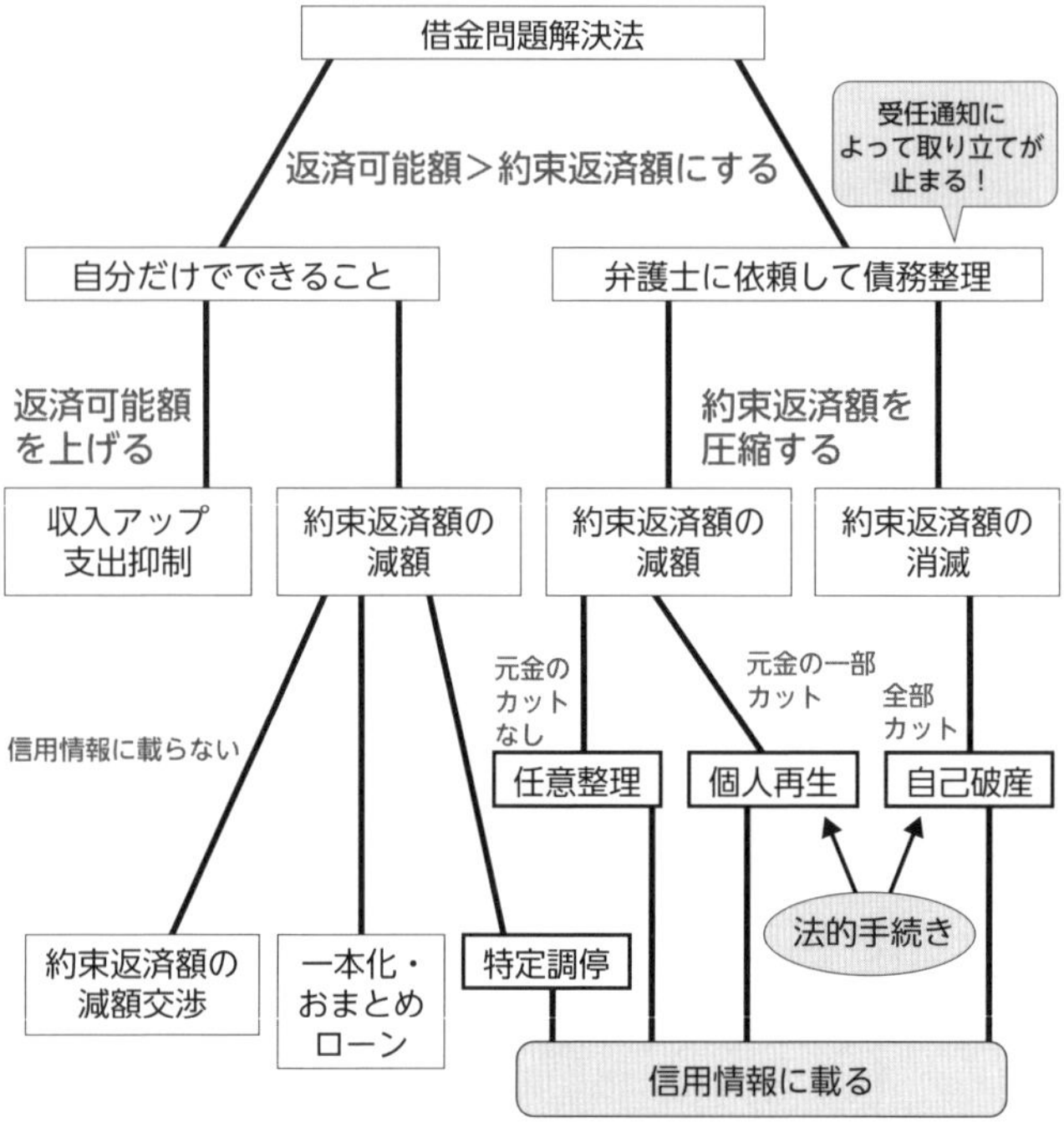

第1章

まずは自分の現状を把握すること

1　借金問題解決のために最初にやるべきこと

Aさんは、友人から「太った？」と言われた。

去年着ていた夏服を一年ぶりに着ようとしたらきつくて、着られなかった。

そんな出来事があって、Aさんはダイエットを決意しました。

さあ、ダイエットをするにあたって、Aさんが最初にやるべきことは何でしょうか？

そう、まずは「体重計に乗る」ことですよね。**現時点での自分の状況を把握すること**です。

そして、それは、ごく当たり前のことですが、「見たくない現実」「知りたくない真実」として避けがちなことでもあります。

太ったかなと感じているときには「怖くて体重計に乗れない」のです。

借金が増えたかなと感じているときも、現実を直視することが怖くて、どこにいくら借りているのか、毎月合計でいくら返済をしなければならないのか、なかなか直視することができません。

借金問題を抱えて相談に来られる多くの人が、現在の自分の借金の状況を把握していません。

「なんとなくたくさん借金があって困っている」「月末の支払いに追われている」
そういう人が多いのです。
しかし、現実を直視しなければ、これからどうすればいいのかがわかりません。
借金問題についても、**まずやるべきことは、現在の状況の把握です。**

借金問題における現在の状況の把握というのは、

・借金の状況（総額と毎月の約束返済額）
・収入と支出の状況

を確認することです。

弁護士が、借金相談に対応するときも、まずは、①借金の状況、②収入と支出の状況を確認します。

今、借金返済に悩んでいる人は、まずは現在の月当たりの
「収入」
「生活費支出」
「約束返済額」（毎月、業者に返済しなければいけないお金）
を確認してみてください。

「収入」と「生活費支出」を確認するために、**「家計収支表」**（巻末参照）を作ります。

「約束返済額」を確認するために、**「借入先一覧表」**（P31下図参照）を作ります。

2　家計収支表を作ってみる――返済可能額の確認

まずは、家計収支表を作ってみましょう。

家計収支表とは、家計の「収入」と「支出」のバランスシートです。

見本のように左側に収入の科目と金額、右側に支出科目と金額を記入していきます。**最初は、ザックリとしたものでも十分**です。巻末の家計収支表も参考にしてください。

記載していくうちに、支出について、こんなに掛かっているのか、この項目の費用が家計を圧迫しているなと気付くこともあるでしょう。


（家計収支表の具体例）

「収入」には、実際に入ってくる金額を記入します。

給料の場合、額面額ではなく、税金や社会保険料等が引かれた手取り収入です。口座振り込みなら、実際に会社から自分の口座に入ってくるお金です。

収入科目	**収入の金額**	**支出の科目**	**支出金額**
(本人分)		家賃・管理費	5万円
給与	20万円	食費	2万円
年金	0円	光熱費	2万円
児童手当	0円	電話料金	1万円
		衣類日用品代	5000円
		保険料	3000円
(同居者分)		医療費	2000円
給与	0円	教育費	2万円
年金	0円	ガソリン代	1万円
		交通費	5000円
(その他)		娯楽費・嗜好品代	2000円
〇〇からの援助	0円	交際費	3000円
		その他	0円
計	**20万円**	**計**	**15万円**

児童手当等の行政からの支給金があれば、それも収入です。

例では、収入は20万円です。

「**生活費支出**」は、実際に生活のため支出したお金です。返済のために出ていったお金はここでは記載しません。

家賃、食費、電気・ガス・水道といった光熱費、電話料金、衣類日用品、医療費、保険料、教育費、テレビやネットの受信料金、ガソリン代、交通費、趣味や娯楽費、交際費、外食費があるでしょう。

通帳から引き落とされているのであれば、その金額を、そうでなければレシートを確認して金額を書き出していきます。レシートを取っていないものであれば、記憶でも構いません。

例では、生活費支出は、15万円です。その上で、

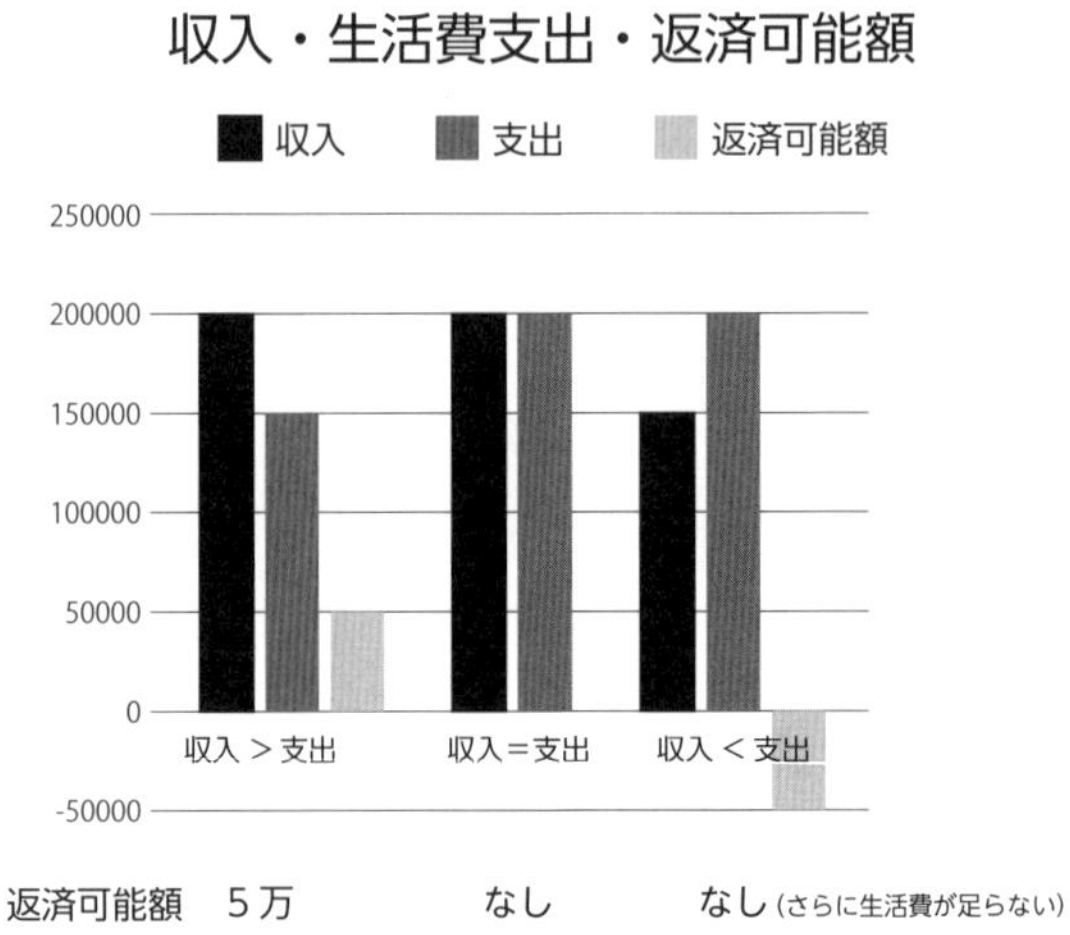

収入から生活費を引きます。

収入 ー《マイナス》 **生活費支出**　これが返済可能額になります。

例では、20万円 ー 15万円で、5万円が、返済可能額になります。

上のグラフで見ていきましょう。

収入 ー 生活費支出が「返済可能額」です。

先の家計収支の状況は、グラフの左側の図です。返済可能額は、収入20万 ー 支出15万の5万円。この5万円が返済に回せるお金となります。もし借金がなく、返済の必要がなければ、この5万円を貯金することができます。

仮に、収入＝支出（グラフ中央）なら、返済できるお金はありません。借金があるなら、返済するためにお金を用立てる必要があります。

さらに、収入＜支出（グラフ右側）なら、返済できるお金がないどころか、生活費が足らない状況ですから、生活費を工面するために、さらにお金を借りる必要があります。

まずは、現在の家計の状況が、**収入から生活費を引いて、どれだけ余りが出るのか。**毎月どれだけ返済ができるのか「**返済可能額**」を確認することが、最初のステップです。

3　借入先一覧表を作ってみる——約束返済額の確認

次に、**毎月の約束返済額**を確認します。

このために「**借入先一覧表**」を作成します。

請求書や契約書があればそれを見ながら、業者への借金総額と毎月の約束返済額を表にしてまとめていきます。なければ、思い出しながら、とりあえずザックリと作っても構いません。（下図：借入先一覧表具体例）

「**約束返済額**」とは、貸金業者との間で、最低毎月これだけは払わなければならないと約束した金額の総額です。

	残　額	**毎月の約束返済額**
A社	30万円	1万5000円
B社	20万円	5000円
C社	100万円	2万円
計	**150万円**	**4万円**

この例では、A社に1万5000円、B社に5000円、C社に2万円を毎月支払わなければなりませんから、約束返済額は毎月4万円となります。

こうして、家計収支表と借入先一覧表を作ることで、返済可能額（収入ー《マイナス》生活費支出）は、月5万円、約束返済額は、月4万円とわかりました。

4　返済可能額（収入ー《マイナス》生活費支出）と約束返済額を比べる

家計収支表によって、返済可能額（収入ー生活費支出）がわかりました。

借入先一覧表によって、約束返済額がわかりました。

この上で、**返済可能額（収入ー生活費支出）と約束返済額を比べます。**

返済可能額と約束返済額は、どちらが大きいでしょうか？

結論からいうと、

返済可能額（収入ー生活費支出）＞約束返済額　なら、とりあえず大丈夫

返済可能額（収入ー生活費支出）＜約束返済額　であれば、何らかの対策が必要ということになります。

〈借金に困っている状況〉

すなわち、これが「**借金返済に困っている状況**」です。

先の例では、収入20万円から支出15万円を差し引けば5万円の余りがありますから、約束返済額が4万円であれば、これを返済しても、1万円の余裕があり、特に借金整理をしなくても、大丈夫です。

収入20万円－生活費支出15万円＝5万円の返済可能額
毎月約束返済額4万円
返済可能額（収入－生活費支出）＞約束返済額　となって、約束どおり返していける
5万円（20万円－15万円）＞4万円

問題となるのは、毎月の約束返済額が、返済可能額（収入－生活費支出）より大きい場合です。

例えば、収入額から生活費支出を引くと5万円の余りがあるところ、毎月8万円の約束返済額があるというような場合です。

返済可能額（収入－生活費支出）＜約束返済額

５万円（20万円－15万円）＜８万円

これでは、収入だけでは、毎月の約束返済額を払っていくことができません。

そのため、どこからか足らない分を用立てる必要が出てきます。

毎月の約束返済額が８万円ならば、返済可能額の５万円では３万円足らないので、預金がなければ、３万円を誰かに援助してもらうか、借り入れをするなどして用立てるしかありません。何らかの対策を取る必要がある状況です。

※注意！　簡単に借りられるところほど、利息が高いもの

「足らない分は、別のところから借りればいい」と安易に借り入れに頼ると、借金は雪だるま式に増えていくことになります。

生活費が足らない場合、業者への返済に困っている場合、つい頼ってしまうのは、銀行や信販会社、消費者金融業者からのキャッシングです。保証人や担保不要で、スピーディーに借り入れすることができて、便利なのですが、その反面、10万円以上、１００万円未満の場合、年18％といった高い利息が付されています。年18％といえば、１００万円を借りると、１年後には、利息が18万円（月だと約１万５０００円）ついてしまうということです。

貸金業者は、慈善事業ではなく、営利を目的として貸金業を行っています。審査が緩やかであるということは、それだけ貸し倒れリスクを負っているので、金利を高くすることで、利益を確保しようとします。

安易にキャッシングに頼らず、支出の見直しや親からの援助を受けられないか考えてみてください。金融業者から借り入れをする際にも、利息には注意しましょう。

特に、高利金融業者、いわゆるヤミ金は、借りるときは、簡単に貸してくれますが、返済できなければ、しつこく苛酷な取り立てをします。会社や家族にまで連絡が行きます。絶対にヤミ金には手を出さないようにしましょう。

借金問題を解決するにあたっては、自分の返済可能額と約束返済額を確認し、比べることが、まずは必要なのです。

◆まとめ

借金問題の最初のステップは、現状把握。

そのためには、**家計収支表と借入先一覧表**を作って、収入、生活費支出、約束返済額を確認し、**返済可能額（収入－生活費支出）と約束返済額を比べる。**

自分の現在状況の確認

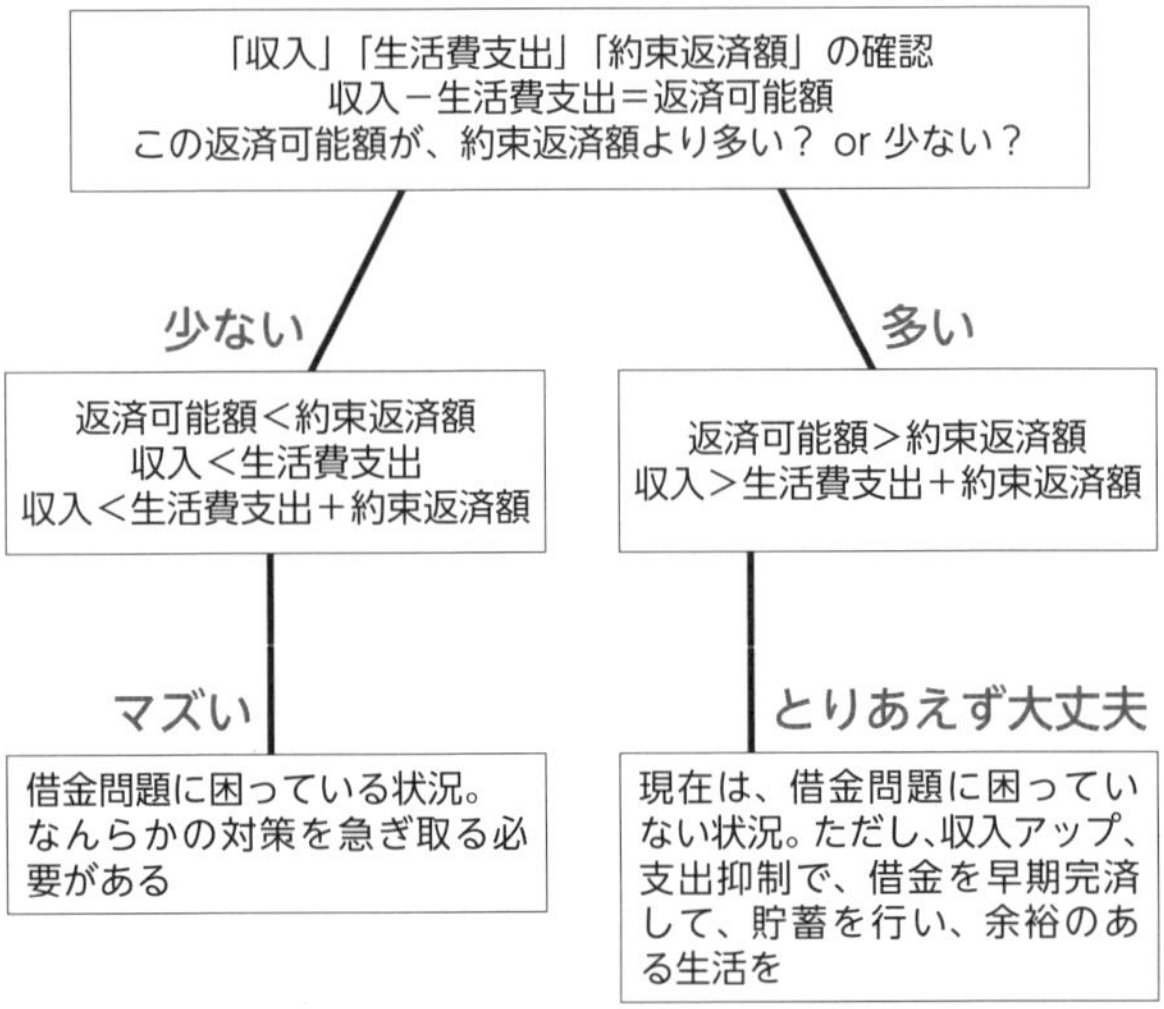
「収入」「生活費支出」「約束返済額」の確認
収入－生活費支出＝返済可能額
この返済可能額が、約束返済額より多い？ or 少ない？
少ない
返済可能額＜約束返済額
収入＜生活費支出
収入＜生活費支出＋約束返済額
マズい
借金問題に困っている状況。なんらかの対策を急ぎ取る必要がある
多い
返済可能額＞約束返済額
収入＞生活費支出＋約束返済額
とりあえず大丈夫
現在は、借金問題に困っていない状況。ただし、収入アップ、支出抑制で、借金を早期完済して、貯蓄を行い、余裕のある生活を

第2章

借金問題解決のポイント

ステップ1で自分の現在状況を確認してみると、自分は「借金に困っている」ことが、わかった人もいれば、逆に、「とりあえず大丈夫」とわかった人もいることでしょう。

「借金に困っている」状況とは、

返済可能額（収入 ー《マイナス》 生活費支出）＜約束返済額

という状況でした。

何も手を打たず、そのまま放っておけば、借金は増えて、ますます借金に困ることになります。**借金は、利息もついて、雪だるま式に増える傾向にある**のです。

では、借金に困った状況を解決するためにどうすればよいでしょうか？

「借金問題に困っていない」状況とは、

返済可能額（収入 ー 生活費支出）＞約束返済額

のことでした。

すなわち、収入だけから、約束した返済が可能な状態、回っている状況のことです。

そこで、

返済可能額（収入－生活費支出）＜約束返済額

となっている現状を

⬇

返済可能額（収入－生活費支出）＞約束返済額

に変える必要があります。

もし収入が20万円、生活費支出が20万円、約束返済額が4万円という状態であれば、20万円－24万円＝－《マイナス》4万円と、返済のために4万円が不足していますので、4万円の不足をどうにかしなければならないということになります。

どうすればいいでしょうか？

返済可能額（収入－生活費支出）＜約束返済額　「借金問題に困っている」

↓

返済可能額（収入－生活費支出）＞約束返済額　「借金問題に困っていない」

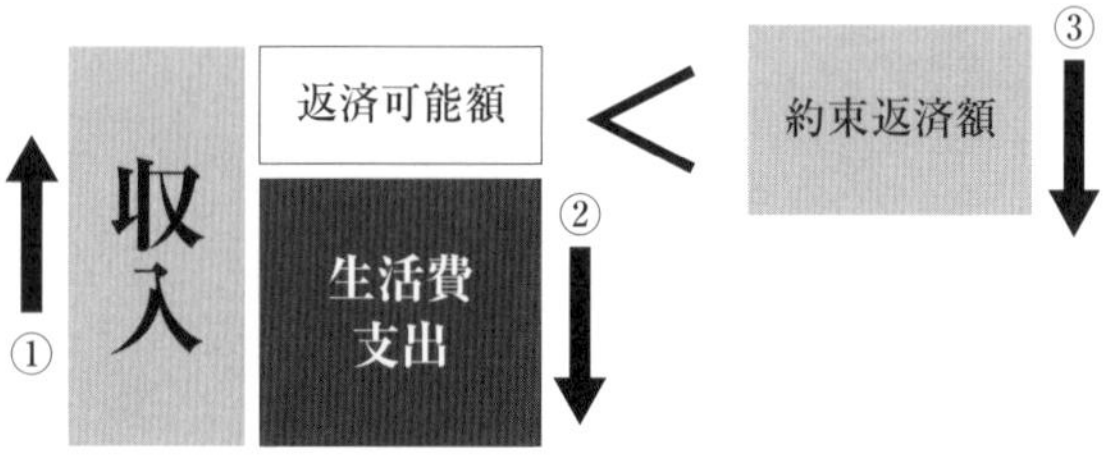

を眺めてみると、気が付くと思います。

数式を見ればわかるとおり、額を変えられそうなところは、3つありますね。

そう、**「収入」「生活費支出」「約束返済額」**です。ここの数字（金額）を変えるのです。

そこで、借金問題を解決するためのポイントは、

①収入を増やすこと　収入アップ↑
②生活費支出を減らすこと　生活費ダウン↓
③約束返済額を減らすこと　返済額ダウン↓

になります。どれか1つでも効果はありますが、3つ全て変えることができれば、より効果的です。

借金問題で悩んでいるとき、漠然と借金に追われているようで、大変だ、でもどうすればいいのかわからない、という人も多いかと思います。

しかし、**「収入」「生活費支出」「約束返済額」**と分解して、現在の自分自身の現状を確認してみると、「自らの現状の問題点」が見

えてきます。

そして、漠然としていた悩みや不安が消え、解決に向けて具体的に自分は何をしなければならないかが、見えてくるのではないでしょうか。

借金問題解決というと、「約束返済額を減らすこと」に意識が向きますし、弁護士による借金整理は、自己破産や個人再生、任意整理といった方法を用いて、約束返済額を減らそうとするのです。しかし、

① 収入を増やすこと

② 生活費支出を減らすこと

に対しても意識を向け、行動してみると、借金問題は解決しやすくなります。問題が軽微なものであれば、弁護士に、借金整理を頼まなくても①収入を増やすこと、②生活費支出を減らすことによって、自分だけで借金問題を解決することも可能です。

医師は、病気を抱えた患者に対して、投薬治療やときに手術をして、病気に対する抜本的な治療を行いますが、健康を維持するためには、食生活や運動、ストレス管理といった日常的な患者本人の努力も必要です。

不摂生な食生活をしていれば、病気は治りませんし、治ったとしてもまた病気になってしまいます。

借金問題も同じように、弁護士に自己破産を依頼し、いったんは借金がなくなったとしても、その後の生活状況が変わらず、収入に見合わない生活をすれば、また借金に追われる生活に戻ってしまいます。

収入を増やすこと、生活費支出を抑えることは、「治療中」はもとより、弁護士に依頼して自己破産等の債務整理をした「治療後」にも、経済的な「健康」を保つために必要なことです。

第3章

自分だけでできる借金問題解決方法

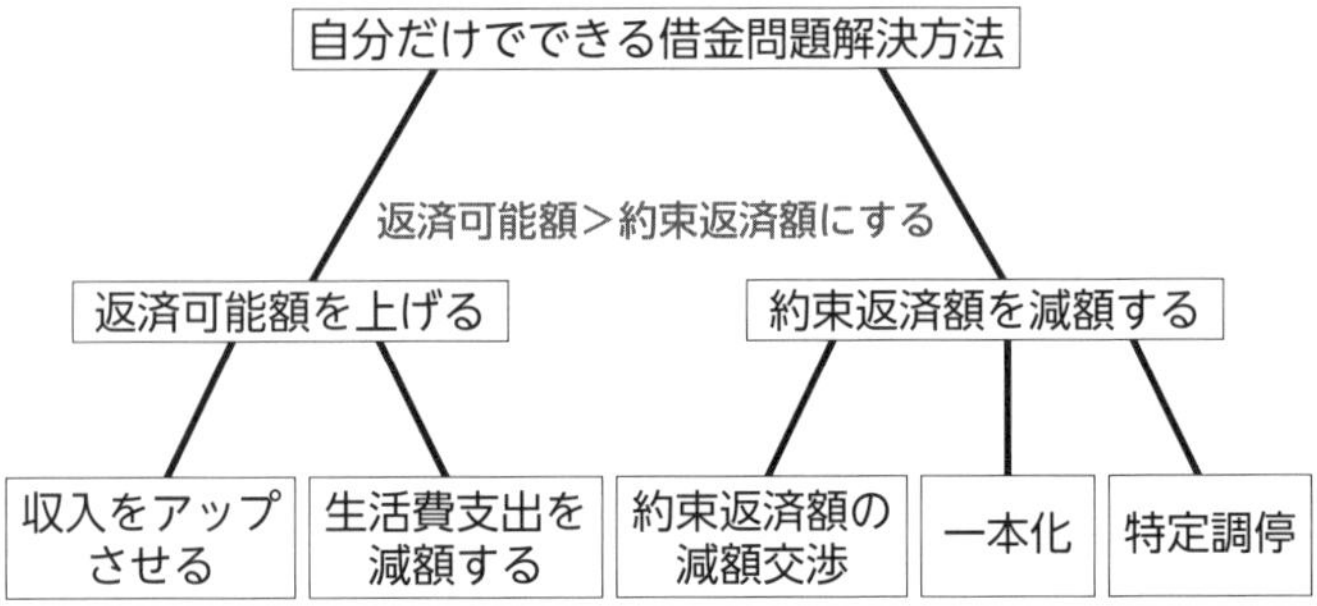

借金返済に困っている状況とは、「返済可能額（収入ー生活費支出）＜約束返済額」になっている状況でした。

この「＜」の程度にもいろいろとあり、差が少なければ、自分で①「収入」を上げ、②「生活費支出」を削り、③「約束返済額」を減らすことで、「返済可能額（収入ー生活費支出）＞約束返済額」の**「借金に困っていない状況」**に持っていくことは可能です。

例えば、現在の収入20万円、生活費18万円、約束返済額3万円であれば、

「返済可能額2万円＜約束返済額3万円」という状況ですから、収入を1万円増やすか、生活費を1万円減らすことで、「返済可能額3万円＝約束返済額3万円」の状態に持っていけます。

自分だけでできる借金問題解決方法として、①収入アップと②生活費支出の減額、③約束返済額の減額があります。順に見ていきましょう。

1　収入アップと生活費支出の減額

(1) 収入をアップさせる

まず、「収入」を、現在の手取り収入額より増やすことはできないでしょうか？

・本業収入のアップ

会社勤務で歩合給があるならば、業績を上げて、歩合給をアップさせることはできないでしょうか。また、残業代がつき、残業があるようであれば、仕事を引き取って残業をして手取り収入をアップすることが考えられます。

もっとも、歩合給ではない場合もあるでしょうし、残業もないかも知れません。また、あるとしてもやり過ぎると心身の健康を壊す可能性もありますので注意が必要です。

自営業の方は、売り上げを増やす、事業経費を節約する等によって、収入となる利益を増額できないでしょうか。

・副業、アルバイト

副業やアルバイトによって、収入をアップさせることも考えられます。

ただし、お勤めの会社が副業、アルバイトを禁止していないかは注意してください。また、「この副業で簡単に儲けられますよ」という怪しい情報には気を付けてください。

・働き手を増やす ――配偶者の収入、子どものアルバイト

一家の中で、働き手を増やすことはできないでしょうか。

家事や育児をしていた妻や夫がパートで働くことで家計全体の収入を増やせるかも知れません。お子さんが大学生や専門学校生の場合には、アルバイトをして、少し家計に入れてもらうことも考えてみてください。

・行政による給付

また**行政からもらえる手当**があるかもしれません。
無職無収入で、病気等で働きたくても働けない事情がある場合や、なかなか仕事も見つからず、生活に困っている人には、生活保護を受けるという選択肢もあります。

・親からの援助

親に頼れる状況ならば、援助を申し入れて、家計を助けてもらうことも検討してみてください。

このように収入を増やすことについても、いろいろな方法があるものです。
ただ、収入を増やすことは、なかなか難しく、手をつけやすいのは、生活費支出の減額です。

■コラム■

苦しいときには生活保護申請をためらわないで

病気や高齢のために、働きたくても働けない、仕事を懸命に探しても見つからない、生活費を切り詰めても生活していけない。貯金も底をついてしまった……。そういうときには、遠慮せずに公的給付に頼ってください。福祉事務所に行って、生活保護を受けることを相談してみてください。

日本国憲法で、全ての国民には、健康で文化的な最低限度の生活を営む権利、**生存権**が人権として保障されています。この具体化のために、生活保護制度を基本とした福祉制度が設けられています。

本当に生活に困っていても、生活保護という制度を知らない人、生活保護という言葉は聞いたことがあるけれど、生活保護を受けることに恥ずかしさを感じて、自分とは関係ないと我慢している人もいます。

生活保護は、行政が手をさしのべてくれるものではなく、自らが申請をして、審査を経て、受給が認められるという仕組みになっているために、自分が行動を起こさなければ、生活保護を受けることができません。そのために、我慢し続け、生活は困窮したまま病気になったり、自ら命を絶ってしまったりする人もいるのです。

もちろん、生活保護は、最後のセーフティーネットですから、受給できるためには、働く意欲があっても働けない状況であること、資産がないこと、頼れる身内がないこと等が要件とされています。

ですが、働きたくても働けずに、本当に生活に困っている状況であれば、生活保護を受給できる可能性は高いと思いますので、福祉事務所に行って、生活に困っていることを伝え、生活保護を受けられないか相談してみてください。

⑵ 生活費支出を減らす

次に、生活費支出を今より減らすことはできないでしょうか？

作成した家計収支表の支出項目を眺めて考えてみましょう。

支出には、住宅ローンや賃料、食費、光熱費、保険料、教育費、交際費、交通費、外食・娯楽費、電話代等があります。

家計収支表の支出項目と金額を書き出し、眺めてみると、「意外とここでお金を使っているな。ここはなかなか削れないけれど、ここは削れそうだ」という費目も見えてくるはずです。

① 住居費

住居費は、家計支出の中で、大きな割合を占めるものです。賃貸物件にお住まいで、現在の賃料が高い場合には、安い賃料の物件に引っ越しをすることや、もし親に持ち家があり、親と同居が可能であれば、親と同居するといった手立てをとれば、住居費を大幅に減額できるかも知れません（ただし、引っ越し費用や仲介手数料等転居にかかる費用も考慮する必要があります）。

住宅を購入し、住宅ローンの支払いが住居費の場合には、住宅ローンの銀行等に月々の支払額を下げてもらえないか頼んでみてはいかがでしょう。困っている状況を伝えれば、銀行も柔軟に対応してくれるかと思います。

②食費

食べることは、生きていくために必要なことですし、栄養が足らなかったり、偏ったりすると、病気になってしまいますので、必要な食費は掛けるべきです。

もっとも、贅沢《ぜいたく》な食事は控える必要があります。また、外食やコンビニ弁当は、値段も高く、栄養も偏りがちですから、自炊や手作りお弁当によって、支出を抑えつつ、栄養をとるようにするのがよいでしょう。

③娯楽費・嗜好品代

娯楽費や嗜好品代は、削りやすいところです。これまで趣味にお金を掛けすぎていないでしょうか。車やゴルフ、旅行といった趣味はお金が掛かりがちなので、注意が必要です。もちろんパチンコや競馬といったギャンブルはしないようにします。

趣味があることは、人生に潤いを与えるもので、よいことではありますが、「お金がかからない趣味」にするか、「今の趣味でお金を掛けないようにできないか」を考えてみてください。

タバコ代が掛かっている方は、健康の面からも、この際、禁煙してしまいましょう。

お酒についても、依存しやすいところがあり、つい支出も増えてしまいがちです。家計にも健康にも、飲まないようにするのが、一番よいのですが、難しい場合には、飲酒日と酒量を限定し、できる限り抑えるようにしましょう。

④ 保険料

保険料も見直しやすいところです。必要以上に保険に加入していないでしょうか。

例えば、独身の場合、病気になったときの保険は必要でしょうが、生命保険はなくてもよいかも知れません。掛け金の安い共済の利用も考えてよいでしょう。

⑤ 教育費

教育費も多くなりがちな費目です。お子さんのために習い事や塾の費用は多くなりがちであり、お気持ちはわかるのですが、家計を圧迫している場合には見直す必要があります。

⑥ 電話代、通信費

電話代やインターネットやスマートフォンの通信費は、動画を見たり、ゲームをしたりして、つい高くなってしまう費目です。プランの見直しや通信会社の変更も含めて、支出を抑制できないか検討してみてください。

⑦ 車にかかる費用（ガソリン代、車検代、駐車代、保険料、税金）

車を持っていると、購入費用だけではなく、維持費としてガソリン代や保険料等、さまざまな費用が相当掛かるものです。通勤や仕事等で、必要な場合には、やむを得ないところはありますが、車を使うことがあまりない場合には、車を手放すことで、大幅な支出の抑制につながります。カーシェアリングという方法もあります。車を手放すことができないかも検討してみてください。

単身世帯ではなく、ご家族がいる場合には、支出の抑制については、ご家族の協力が必要です。自分が節約に努めていても、ご家族が浪費をしてしまっては、支出の抑制はままなりません。家計収支表をご家族にも見てもらいながら、協力をしてもらうようにお願いしましょう。

2　毎月の約束返済額を減らす

①収入の増額と②生活費支出の削減によって
返済可能額（収入－生活費支出）＞約束返済額
の形がとれるのであれば、「約束返済額」を減らさなくても返済ができるということになります。

このまま約束どおりの返済をコツコツと続けていれば、いつかは借金がなくなるでしょう（ただし、約束返済額が利息の支払いにとどまる場合は、元金が減りません）。

しかし、①収入増額や②支出削減ができず、あるいはそれをやった後でもなお「収入＜生活費＋約束返済額」となってしまう場合には、⑶の「約束返済額そのものを減らす」必要があります。

この⑶の**「約束返済額そのものを減らす」**というのが、**いわゆる「借金整理」**です。

借金整理には、**自分でやる方法と弁護士に依頼してやる方法**があります。

借金整理というと、弁護士に依頼してやるものを思い浮かべるかも知れませんが、弁護士に依頼せずに、自分だけでできる方法もあります。

ただし、自分でやる場合の「約束返済額の減額」は、減額の程度として少ないので、約束返済額と返済可能額の差額が大きく、「約束返済額の減額」が大幅に必要な場合には、弁護士に依頼する借金整理を検討すべきとなります。

もっとも、「自分だけでできるのか、弁護士に借金整理を依頼した方がいいのか」を自分で判断することも難しい場合もありますので、借金返済に困っていると感じられるのであれば、「とりあえず弁護士に相談してみる」ということで構いません。

相談することで、弁護士に借金整理を依頼せずに自分で解決できるということがわかれば、依頼しなくても構わないのです。

❖自分で「約束返済額の減額」をやる方法

(1) 債権者に減額のお願いをしてみる

一つの方法として、自分で債権者に対して約束返済額を減額できないか、直接頼んでみる方法があります。

自分で債権者に連絡して「毎月の返済額を減らしてもらえないでしょうか」と頼むことで、

減らせることもあります。

特に、住宅ローンの支払いをしている場合には、住宅ローン会社に、「毎月の返済が〇〇の事情で大変なので月々の返済額を減額してもらえないでしょうか」と頼めば、減額に応じてもらえることも多いと思います。

弁護士に依頼せずに、自分で減額の交渉をやる場合には、ブラックリストに載らないというメリットがあります。そこで、ブラックリストには載りたくない場合には、こちらを検討してもよいでしょう。

■コラム■

ブラックリストとは?


弁護士を通じて借金整理（任意整理、個人再生、自己破産）をやると、信用情報登録、いわゆるブラックリストに登録されます。ブラックリストに登録されますと、お金を借りることやクレジットカードを作ること、ローンを組んだりすることができなくなります。

もっとも、一度登録されると、ずっと登録されたままではなく、しばらくの間（5年～10

年程度）だけです。

ブラックリストには、弁護士を通じた借金整理の場合だけではなくても、3回程度、支払いを怠ると、掲載されることがあります。

信用情報登録機関には、クレジット・信販系の信用情報機関である株式会社シー・アイ・シー（CIC）、銀行系の全国銀行個人信用情報センター、消費者金融系の株式会社日本信用情報機構（JICC）があり、本人であれば登録されているかどうかの情報を確認することができます。

ブラックリストに載ることは、相談の際、弁護士を通じた借金整理のデメリットとして説明をしますが、相談に来る人は既にブラックリストに掲載されている人も多く、また「今後は、借り入れに頼らずに、自らの収入だけで暮らしていくこと」を覚悟していただく意味でも、一概にデメリットというわけではないと思っています。

(2) 借入先を一本化してみる（おまとめローン）

債権者に減額交渉をする他に、借入先を一本化することによって、月々の約束返済額を減らせる場合があります。

例えば、

A社に50万円（月返済額２万円）

B社に70万円（月返済額３万円）

合計１２０万円の借金（毎月の約束返済額計５万円）がある場合を考えてみましょう。

ここで、C社から１２０万円を約束返済額月３万円で借りて、この１２０万円でA社とB社への借金を完済し、C社に借入先を一本化すれば、これまで、毎月５万円必要だった約束返済額を、月３万円に減額することができます。

ただし、一本化の場合、利息の利率や総返済額が増えたりする場合もあり、注意が必要です。毎月の約束返済額の減額とともに、金利が低いかも確認してみてください。

また、新しい借り入れの際に、保証人をつけたり、自宅不動産に担保を付けたりすることが条件とされる場合もあります。ここで、自宅不動産に、担保を付けられてしまうと、後々、個人再生手続の住宅資金特別条項を活用して、住宅を維持しようと思っても、住宅資金特別条項が使えないことになってしまうので、注意が必要です。

以上のように、大きな金額を融資してくれるところがあれば、一本化という方法によって、弁護士に依頼しなくても自分で「約束返済額の減額」をすることができます。この方法でも、ブラックリストには載りません。

(3) 特定調停をやってみる

貸金業者や銀行に直接電話して、毎月の約束返済額の減額を交渉するというやり方もありますが、お金を借りていて、約束どおり返済できないという弱い立場にあるので、貸金業者との直接交渉はやりづらいものです。

本人の交渉では、債権者はあまり減額にも応じてくれないかもしれません。精神的なタフさも必要でしょう。

毎月の約束返済額を減額するやり方には、直接、債権者と交渉してみるやり方の他、裁判所の「特定調停」を利用する方法もあります。

① 特定調停とは

特定調停とは、借金の返済が困難になった債務者が、簡易裁判所の調停委員会に間に入ってもらって、債権者との間で、返済方法について、話し合う手続きです。

※**「債権者」「債務者」「調停委員」とは？**

「債権者」とは、貸したお金を返してもらう権利（債権）を持っている者をいいます。お金を貸した銀行やクレジット会社、消費者金融会社がこれに当たります。

「債務者」とは、債権者に対して、借りたお金を返すという返済義務を負っている者、すなわち、キャッシングやショッピングで借金がある人です。

「調停委員」とは、裁判所から選任された人で、申立人と相手方の間に入って、公平中立的な立場で、双方から話を聞いて、合意ができないかを調整する人です。通常2名の調停委員が担当します。

特定調停は、返済案に対して債権者の同意が必要な手続きであり、債権者によっては、債務者が出した返済案に応じないこともありますが、裁判所の調停委員会が間に入って調整してくれることもあって、多くは、申立日における元本、利息、遅延損害金の合計金額について、3年程度で、毎月の返済額を決められることが多いようです。

返済内容について合意が成立すると、調停調書に記載されます。債務者は、これ以降は、調書に記載された返済をしておけば、それ以上の取り立てを受けることはありません。

しかし、**調書には、判決と同じ効力**があり、もし調書に記載された約束に従った返済ができない場合には、債権者から給料差し押さえ等の強制執行を受けることもあるので注意が必要です。

②特定調停のメリットとは？

特定調停は、自分だけで、弁護士に依頼せずに、直接債権者とやりとりをすることもなく、分割返済の取り決めができる点がメリットです。弁護士に依頼せずにできますから、弁護士費用も掛かりません。

③特定調停のデメリットとは？

しかし、特定調停は、書類の準備に時間がかかる上、平日に裁判所に1、2回程度出頭しなければならない、相手が同意してくれるかわからないというデメリットもあります。特定調停をすると、弁護士による債務整理と同様に、**ブラックリストに載る**こととなり、しばらくお金を借りることができなくなります。

このようなメリット、デメリットから、特定調停は、弁護士費用を掛けたくない、時間的に余裕がある人に向いている解決方法といえます。

④特定調停のやり方

特定調停では、特定調停申立書を簡易裁判所に提出することによって始まります。

どこの簡易裁判所かは、法律上は、「債権者の住所地」となっていますが、最寄りの簡易裁判所でできる可能性もありますので、最寄りの簡易裁判所窓口に相談してみてください。

調停申立書の用紙は、最寄りの簡易裁判所においてありますし、裁判所のホームページからダウンロードすることもできます。

※特定調停申立書、特定債務者の資料等見本（巻末資料）

申し立ての際には、自分の収入状況や資産状況、借金の状況について裁判所に知らせる必要があります。

特定調停の費用は、1社につき、500円の収入印紙と500円程度の切手が必要です。

詳しくは、最寄りの簡易裁判所に確認してみてください。

⑤特定調停に臨む前に

第1章でお話しした「家計収支表」と「借入先一覧表」を作成しておきましょう。

家計収支表から、収入—《マイナス》生活費支出の「返済可能額」が見えてきます。

また借入先一覧表から、毎月の「約束返済額」が見えてきます。

これらの情報を基に、自分はどのような返済計画ならば返済可能かが、見えてくるのです。返済困難な返済案を提案しないように注意します。

⑥特定調停はどのように進むのか

調停を申し立てた後、裁判所から、相手方である債権者に申立書が送られます。その際に、裁判所は、債権者に対し、債務者との間の金銭消費貸借契約書の写しや取引履歴に基づく利息制限法所定の制限利率による引き直し計算書の提出を求めます。

裁判所の調停委員会では、申立人から出された申立書等の書類、相手方から出された契約書等の書類を確認して、調停をどのように進めるか協議をし、調停に臨みます。

⑦調停期日の進み方

調停を申し立ててから、1カ月程度で、最初の調停期日が行われます。

調停期日は、最初に、調停委員が申立人である債務者に対して、生活状況や収入、希望する分割返済額などについて確認します。

その後、調停委員は、債権者である相手方に、申立人の状況や希望を踏まえつつ、返済計画の調整を行っていきます。相手方が裁判所に出席できない場合には、電話で調整します。

調停委員は、相手方から出してもらった契約書の写しや債権額計算書を確認して、借金総額を確認し、申立人が返済可能な弁済計画案を立てて、双方の意見を聴いた上で、妥当な返済方法の調整を図ります。

例えば、もともとの約束返済額が、月1万円だったところ、申立人が、月5000円を希望し、相手方において、月5000円は合意できないが、月7000円ならば合意ができるとして回答をし、申立人もそれを了承し、調停委員会としても、申立人の収入や生活状況からみて、返済可能であると思うならば、月7000円で合意が成立するというような感じで、調整が図られていきます。

⑧調停の終わり

調停の結果、合意が成立すれば、合意内容を調停調書に記載して、調停成立として、手続きは終わります。

その後、申立人は、合意した内容どおりに返済していくことになります。合意した内容どおりに返済できない場合には、債権者から督促が来ることはもちろんのこと、調停調書には、判決と同じ効力がありますから、給料差し押さえ等の強制執行をされる恐れがあります。

そこで、債務者が合意をする際には、**自らが返済できる金額で合意をする**ように注意が必要です。

自らの収入と支出から割り出された「返済可能額」と相手方に払う金額（債権者が複数いる場合には、その相手方に割り付けられる金額）を見て、返済ができるかを見極めた上で、合意をしなければなりません。

調整をしても、合意が成立しない場合には、調停は不成立となって、手続きは終了します（この場合、問題は解決していませんので、弁護士に相談してください）。

このように「特定調停」を利用することによって、「毎月の約束返済額」の減額ができる場合もあります。

■コラム■

夜逃げは借金問題の解決にならない

行方をくらますこと、夜逃げで、借金問題を解決できるでしょうか。住む場所と電話を変えること、勤務先を変えることによって、一時期は、借金を返済しなくても、債権者からの連絡が来ることはないでしょう。

しかしながら、住民票を登録すれば、債権者に新しい住所は知られてしまいます（住民票を登録したとたんに請求が来ることもあります）。かといって住民票を移さないままでは、何かと不便なものです。

それに、法律上は、消滅時効にかかるまでは、借金は残り、債権者は、見つければ請求をするでしょうし、給料や財産を差し押さえる手続きに入る恐れがあります。ずっと、いつ請求が来るかと不安な生活が続きます。

つまり、夜逃げでは、借金問題を解決できないのです。

第4章

弁護士による借金整理

——任意整理、個人再生、自己破産

どのような解決方法があるか？

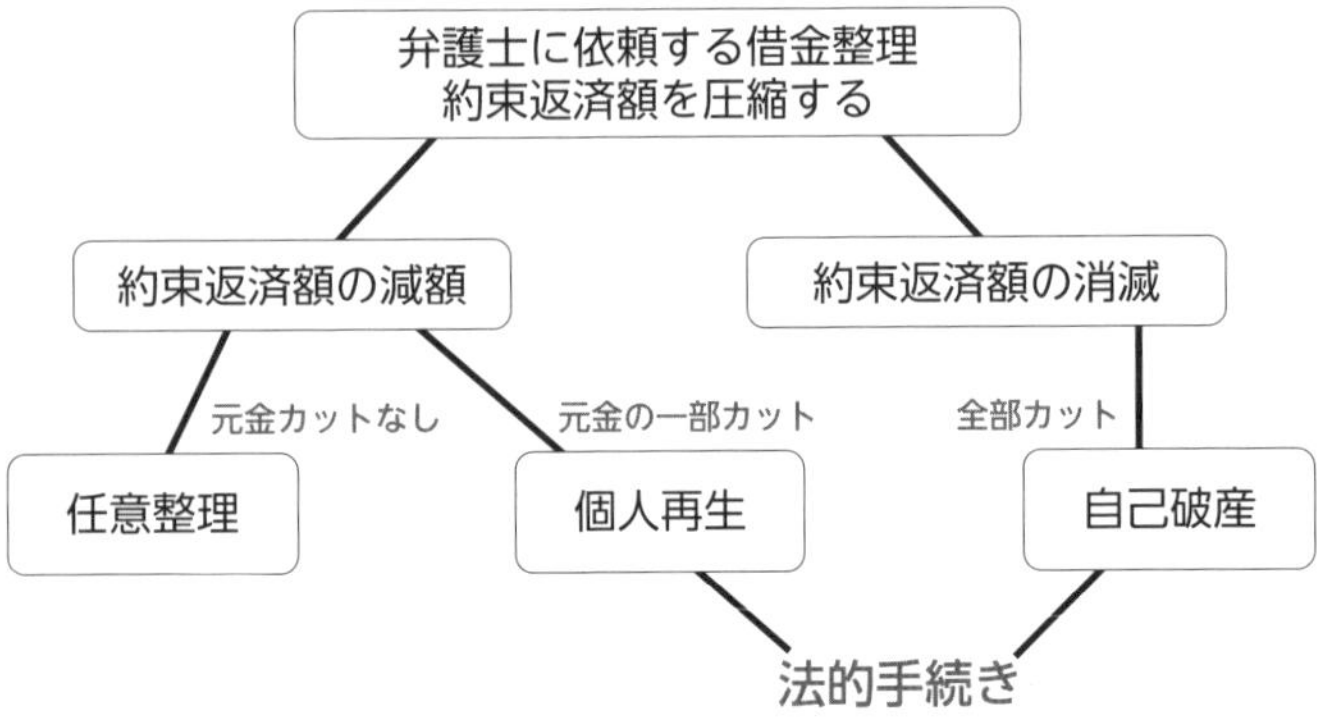

借金問題解決にあたって、自分だけでできることとして、収入アップ、生活費支出の減額、そして約束返済額の減額として特定調停等の解決法があるとお話ししました。

しかし、返済可能額と約束返済額の差額が大きく、大幅に約束返済額を減らさなければ「返済可能額＞約束返済額」にはできないという場合、弁護士に依頼して借金問題解決に向けて取り組むのが効果的です。

弁護士による「約束返済額の減額」方法、すなわち借金整理には、**任意整理、個人再生、自己破産**と3つの方策があります。

1　任意整理、個人再生、自己破産の特徴

それぞれの解決法については、詳しくは第5章以下でお話ししますが、どの解決法を選ぶかの前提として、任意整理、個人再生、自己破産の概要をお話ししましょう。

任意整理、個人再生、自己破産の順に、「約束返済額の減額」が大きくなります。

(1) 任意整理の特徴

任意整理は、将来利息や遅延損害金はカットできる傾向にありますが、元金のカットはまずできません。そのため、借金総額が大きい場合「約束返済額の減額」もあまり期待できません。

任意整理は、弁護士が貸金業者それぞれと交渉して、新しい分割返済の取り決めをしていくものです。

これまで月1万円の返済だったものを、月5000円にするといった感じです。将来利息のカットは応じてくれる場合が多いのですが、元金カットは難しく、また60回以上の長期分

割は難しいという印象です。そのため月の返済額は、多くなりがちです。

個人再生や自己破産と異なり、業者との個別交渉で、法的な手続きではありませんので、交渉する業者を選ぶこともできます。

例えば、自動車ローンの債権者や連帯保証人がついている債権者は除いて、それ以外の債権者を対象に、任意整理を行うことも可能です。

法的な手続きではなく、弁護士が業者と交渉していくものですので、依頼者本人が、裁判所に提出する書類を作成したり、集めたりする必要はありません。その意味では、依頼者自身は、特に時間や労力をかける必要もなく、弁護士に任せておけばいいので、楽です。

⑵ 個人再生の特徴

個人再生は、一定の収入がある人を対象にして、このままでは返済困難だけれども、借金を圧縮し、返済額を圧縮することで、返済を継続できるようにする法的手続きです。

返済方向であることは、任意整理と同じであり、法的手続きであることは自己破産と同じです。

返済方向であるために、一定の返済能力が必要ですが、元金も一部カットできるため、任意整理より楽になります。

個人再生は法的手続きであり、全ての債権者を平等に扱う要請が働いてきますので、全ての債権者を対象に手続きを進める必要があります。一部の債権者だけを外すことはできません。

個人再生は、法的手続きですから、必要な書類を集め、作成した上で、裁判所に提出する必要があります。弁護士に全てお任せできるものではなく、依頼者自身も、一定の時間と労力をかける必要があります。

個人再生のメリットとしては、次の点があげられます。

・個人再生では、住宅や保有資産を維持できる
・個人再生では、ギャンブルや浪費行為でも使いやすい
・個人再生では、資格制限の問題は生じない

⑶ 自己破産の特徴

自己破産は、借金自体をゼロに、つまり約束返済額をゼロにしてしまう強力な手段です。

自己破産とは、支払不能に陥った債務者が、持っている財産をお金に換えて、債権者に平等に返済する手続きですが、債務者にとっては、「免責」が目的です。すなわち、借金を全て返済しなくてよいとするものです。

借金を事実上消してしまう手続きで、強力なのですが、反面デメリットも3つの解決法の中では一番大きくなっています。

・自宅不動産等の大きな資産は維持することはできなくなります。
・一定の資格制限があります。
・ギャンブルや浪費で借金をした場合には、免責不許可とされる恐れがあります。

以下の点は、個人再生も同じですが、

・官報に名前が載ります。
・法的手続きですので、全ての債権者を対象にする必要があります。

3つの解決方法の特徴
メリット、デメリット、向いている人

いずれもブラックリストには載ります。

	特徴	メリット	デメリット	向いている人
任意整理	弁護士による個別交渉によって、無理のない分割払いとする	・債権者をセレクトできる ・手続きは弁護士にお任せ ・家族や第三者に内緒でできる	・借金額が減らない ・返済能力が必要	返済能力があり、債権者をセレクトしたい人
個人再生	法的手続きによって、債権者の合意なくても借金をカットできる	・元金もカットできる ・住宅を維持できる ・浪費やギャンブルによる借金でも使いやすい ・資格制限はない	・全ての債権者を対象とする必要がある ・返済能力が必要 ・官報には載る ・弁護士費用は高い	・一定の収入がある人 ・住宅を維持したい人 ・借金の原因が浪費やギャンブルの人
自己破産	法的手続きによって借金を全額カットするもの	・元金も含め借金を全額払わなくてよくなる ・返済能力は不要	・全ての債権者を対象とする必要がある ・資産があれば、手放す必要がある ・浪費やギャンブルの借金では使いづらい ・官報には載る ・一定の資格制限がある	・返済能力がない人 ・借金を全て消してリセットしたい人

2　任意整理、個人再生、自己破産のどの解決法を選ぶのか？

では、任意整理、個人再生、自己破産をそれぞれどのような場合に取ることになるのでしょうか。

大まかに言えば、

(1) できるかできないかという区別

(2) どちらが望ましいかという区別

この、二つの軸があります。(1)で複数選択できる場合に、(2)の選択が可能となります。

(1) できるかできないかの区別

第一にくるのは、「できるかできないか」という区別です。できないものは、やりたくてもできません。

無職で収入がなく、資産もないのに、返済を前提とする解決策である任意整理や個人再生は、いくらやりたいと思っても無理な話です。選択肢は、自己破産しかありません。

また収入があっても、生活費を引いた後に一定の返済額が確保できなければ、やはり任意整理、個人再生は難しく、選択肢は自己破産のみということになります。

・任意整理でいけるか

任意整理が選択できる前提として、返済能力があること、そして、その返済能力とは、毎月**「負債総額÷60」**を返済できるかが大まかな目安となります。

例えば、３００万円の借金がある場合には、３００万円÷60の月５万円が返済できるかどうかです。

なぜ60で割るのかというと、多くの貸金業者は５年60回払いまでの分割は応じてくれるものの、それ以上の分割は難しいからです。

任意整理で、負債総額を、減額することは、まずは期待できません。以前は、高金利（28％等）で貸し付けていた時期もあり、それを利息制限法所定の利率に引き直し計算することで、負債額が大きく減少したり、場合によっては、「過払い」になったりすることも多かったのですが、平成22年以降の貸し付けは利息制限法所定利率以下になっていますので、減額することはないのです。

・過払い金とは

もっとも利息制限所定の利率を超える高い利率で取引がスタートし、コツコツと返済しているような場合には、元金も減る他、さらに過払い状態（利息を払いすぎている状態）になっていることもあります。「こんなに借金があって、破産しかない」と自分で思い悩んでいた場合でも、昔から取引がある場合、弁護士に自己破産を依頼してみると、弁護士の調査によって、借金がなくなるどころか、逆に戻ってくるお金があったというケースもまれにあります。

※過払い金が戻ってくる場合とは？

過払い金が戻ってくるためには、ざっくり言えば、次の条件を満たす必要があります。

・キャッシングであること（ショッピング利用ではないこと）
・高い利率で借り入れをしていたこと（利息制限法所定の利率を超える利率で借入をしていたこと）
・完済してから10年経過していないこと（10年経過すると時効となる）
・貸金業者が廃業していないこと

負債額３００万円であれば、３００万円÷60＝５万円なので、「手取り収入—《マイナス》生活費」

の金額が5万円以上あれば、任意整理でもいけそうだという話になります。

それができないようであれば、「任意整理は難しいですね、個人再生や自己破産を考えてみては」という流れになります。

・任意整理が難しい場合、個人再生でいけないか

個人再生では、一定の収入があり、最低でも月3万円の返済能力があることが必要です。

その上で、借金総額と財産の清算価値を踏まえて、毎月の最低弁済額を確認し、それをクリアしているかをチェックします。

個人再生における最低弁済額は、100万円以上にはなるので、原則として3年払い（36回払い）で、月3万円の返済能力が必要です。

ただ、月3万円返せれば、どんな場合でも個人再生で大丈夫となるわけではなく、最低弁済額基準は、100万円の他に、負債総額（500万円以下なら5分の1）、持っている資産の清算価値といった基準もあり、その金額によっては、100万円以上になることもあります。

個人再生において、最低でも返済しなければいけない金額は、
① 100万円

②負債額の５分の１（５００万円を超え１５００万円以下の場合）

負債額１５００万円を超え３０００万円以下の場合は、３００万円

３０００万円を超え５０００万円以下の場合は、負債額の10分の１

なお、５０００万円を超えると個人再生は使えない。

③持っている資産の清算価値

の３つの指標で、一番高い金額となります。

※なお、借入額１００万円以下の場合は、減額はなく、その全額が返済額となります。

例えば、

負債額が３００万円（5で割ると１００万以下となる）

持っている資産の清算価値が１４４万円（１００万円を超える場合）

の場合の最低弁済額は、１００万円より１４４万円の方が高いので、１４４万円となります。

３つの基準で一番高い金額の最低弁済額を36回払い（つまり3年払い）ができるかが、個人再生における「毎月の最低約束弁済額」となります（特段の事情があれば5年まで延長することができますが、シミュレーションは３年でやります）。

１４４万円の例ですと、１４４万円÷36＝４万円が、毎月払えるかが、個人再生でいけるかどうかの指標となるわけです。

このケースで、私が、個人再生をしたいという人の相談を受けている際には、大まかな現在の家計収支の状況、毎月の返済可能額（収入－《マイナス》生活費）を確認してみて、月４万円の支払いが可能であれば、「個人再生でいけそうですね」という話になります。

他方で、収入－生活費が４万円以下、例えば月２万円というような状況であれば、現状では厳しいことにはなります。

しかし、すぐに諦める必要はありません。「約束返済額」の減額は、それが精一杯だとしても、「収入」「生活費支出」といった可変要素はあるからです。

そこで、私は、「このままでは難しいのですが、生活費支出をどれか減らすことで、月４万円の余りを出すことはできないでしょうか」といったお話をします。家計収支表に項目別の支出金額が書き出されているので、相談者も、「ここの項目をいくらなら削れそうですね」と、再生に必要な返済予定額を、しぼり出すことができることも多いのです。交際費や外食費、娯楽費は減らしやすい費目です。

個人再生の最低弁済額は、最低１００万円で、基本は36回払いですから、最低月３万円の返済能力があることが必要となり、3万円の返済能力がなければ、個人再生の選択は難しく、自己破産をお勧めすることになります。

■ コラム ■

弁護士から「自己破産しかありませんね」と言われたとき

弁護士の立場からすれば、収入がなく、返済能力のない人が、任意整理や個人再生といった解決方法を希望されても、「残念ですが、現在収入がない状況では自己破産しか解決法はありませんね」という答えになりがちです。

しかし、一人の弁護士から「あなたは自己破産しかない」と言われたとしても、別の弁護士に相談してみると、個人再生でいける可能性があると、言われることもあります。

ですから、どうしても自己破産はしたくない（自宅を手放したくない）と思っている場合には、最初に相談した弁護士から「難しいですね」と言われても、別の弁護士に相談されることをお勧めします。

実際、私のところでも「弁護士に相談したら、あなたは自己破産しかないですね」と言われたが、諦めきれずに、自分としては、自宅は手放したくないので、破産はしたくないのですが本当に無理ですか」と相談に来た人がいました。

確かに、現在の生活状況であれば、個人再生は厳しいものの、生活費支出を抑えていけば、個人再生でいける可能性もあると思えたので、生活費を抑えてチャレンジしてみたら、個人再生ができたという人もいました。

⑵ 複数の選択肢がある場合に、どの解決法が望ましいか？

・任意整理でもいける場合、任意整理と個人再生のどちらがいいか

返済能力が高ければ、任意整理か個人再生を選択できるようになります。

その場合は、「任意整理と個人再生のどちらが望ましいか」という選択となります。

楽になるのは元金カットもできる個人再生ですが、個人再生は、裁判上の法的手続きのために、デメリットもあります。そのようなデメリットを踏まえて、どちらが望ましいかを検討します。

個人再生のデメリットは、第6章で詳しくお話ししますが、弁護士に全てお任せでできるものではなく、自分自身でも書類を準備し、何度か弁護士と打ち合わせを行う必要もあること、車のローン付き債権、保証人付き債権といった一部の債権者を除外することはできず、全ての債権者を対象とする必要があること、官報に名前が載ること等です。

そういった、個人再生のデメリットも踏まえて、任意整理にするか、個人再生でいくのかを判断することになります。

自分が何を大切にして、どこに優先事項があるのかを踏まえて解決方法を選択します。弁護士に相談した際には、弁護士が状況と希望を聞き出して、どちらがお勧めなのか提案があるでしょう。

なお、個人再生は、元金カットを特徴とする手続きですが、最低弁済額（最低この額以上は返済しなければならない額）との関係で、事案によっては、元金カットがあまりないという、再生のメリットを受けられない場合もあります（例えば、自宅不動産の価値が残ローンより相当高く、清算価値が高くなってしまう場合）。

その場合には、返済方向の解決方法としては、任意整理しかないということになります。

借金に悩んでいて「自分はどうすればいいのかわかりません」という人の場合には、弁護士としては、まず「できるかできないか＝返済能力」を確認して、次に、「どれがいいのか」

と絞り込んでいきます。

他方で、借金相談に来られる人には、「自分は、自己破産をやりたい」「自己破産は避けて個人再生や任意整理がいい」と何をしたいのか希望を明確にしている人もいます。

希望を持っている人の大きな方向性としては、

「借りたお金はできるだけ返したい」と考えている人

その反対に

「借金はなくして、できるだけ楽になりたい」と考えている人がいます。

このように相談者が希望の解決法を考えてきている場合には、弁護士としては、相談者の希望している手続きができないかを検討していきます。

ただ、注意しなければならないのが、**自己破産、個人再生、任意整理の特徴、メリットやデメリットをよくわからないままに、漠然と「自己破産は避けて、任意整理がいい」「破産をして楽になりたい」と思っている場合**です（例えば、自己破産をすると、会社や友人に知られてしまうので避けたい等）。

その場合には、方針選択の前提となる知識に誤りがあったり、不足していたりするわけですから、そこを説明し、知識を持ってもらった上で、あらためて考えてもらうようにしています。よくあるのが、私が自己破産に該当する人に「資産がない方にとっては、それほどデメリットはありませんよ」と説明をすると、最初は、「漠然と自己破産はしたくない」と考えていた人も、自己破産を選択するのです。

正しい情報を基に判断しないと、正しい選択はできませんから、正しい情報を手に入れるようにしましょう。

「借りたお金はできるだけ返したい」と考えている人は、任意整理→個人再生→自己破産の順序で検討し、「できるだけ楽になって、再出発を図りたい」と考えている方には、自己破産→個人再生→任意整理の順序で検討していく流れになります。

ただ、あくまで、「できるか、できないか」を検討して、「できる」ことが前提にはなります。

・個人再生でもいける場合、個人再生と自己破産のどちらがいいか

一定の収入があって、個人再生によって予測される毎月の返済ができそうな場合でも、自己破産ができる場合もあります。

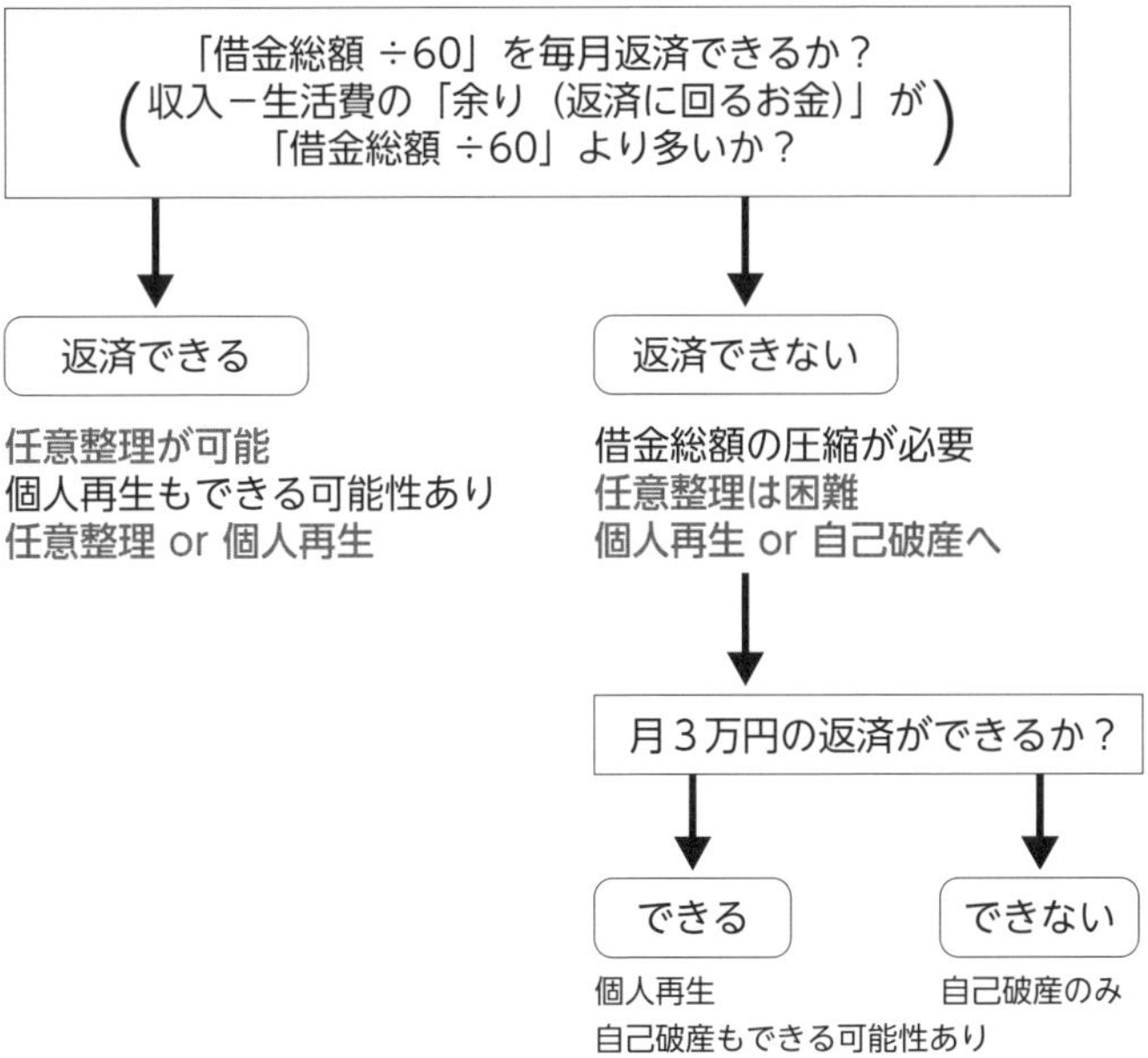

その場合、どちらがよいでしょうか。

自己破産のデメリットとして、

・自宅不動産を維持できない
・ギャンブルや浪費といった免責不許可事由がある場合には使いにくい
・また主観的な問題ですが、「破産」というイメージが嫌

があります。

そこで、自宅があってそれを維持したい場合、ギャンブルや浪費による借金である場合、破産のイメージが嫌という人の場合には、個人再生を選択することになります。

他方で、そのようなデメリットがない場合には、「できるだけ返済したいのか」「できるだけ楽になった方がいいのか」で選ぶということになるでしょう。

弁護士は、手続きのメリットやデメリット、費用等を説明して、例えば「個人再生がお勧めですね」などとお話ししますが、最終的に決めるのは相談者ご本人となります。

自分にとって、どの借金解決方法が望ましいのかは、解決法のそれぞれの特徴やメリット・デメリットを踏まえ、自分自身の希望や状況を弁護士に伝えつつ、弁護士とよく相談して決めましょう。

◆まとめ——任意整理、個人再生、自己破産のいずれか？

○任意整理と個人再生が選択できる場合

【任意整理向き】

・絶対に家族や会社に知られたくない
・対象から除外したい債権者がいる（保証人つき、車のローン等）
・できる限り借りたお金は返したい

【個人再生向き】

・借金総額、約束返済額を圧縮して楽になりたい

○個人再生と自己破産が選択できる場合

【個人再生向き】

・自宅を維持したい
・ギャンブル・浪費による借金
・破産はイメージが嫌
・少しは返済をしたい

【自己破産向き】

・めぼしい財産がない
・全て借金を消して楽になりたい

3　自己破産、個人再生、任意整理を弁護士に依頼するメリット

自己破産、個人再生、任意整理といった借金問題解決法について、弁護士に頼まず、自分でできるのでしょうか？

結論からいえば、自分でもできます。しかし、弁護士に依頼すると次のようなメリットが

ありますので、弁護士費用を考慮しても、弁護士に依頼することをお勧めします。

⑴ 借金問題が解決できる可能性が高くなる

弁護士に依頼するメリットは、まず、複雑な手続きをやってもらえるという安心感です。自己破産や個人再生は法的な手続きですので、細かく、やるべきことが定められています。また、申立書類のどういう点に裁判所が注目をするのかといった、ポイントもあります。書類の書き方や提出する書類に不備があれば、認められたはずの免責や、再生計画認可決定が認められないということもあり得ます。

自己破産等の借金整理をするということは、すなわち、債権者との間で交わした約束を果たせなかったということであり、債権者に対して、債務者はどうしても弱い立場におかれます。債権者から、心理的圧力をかけられることもあるでしょう。ストレスもたまりがちになります。

破産申立手続も、冷静に時間をかければ本人でもできるかも知れませんが、ストレスがたまり、精神的に落ち着かない状況では、なかなか書類の整備もおぼつかないものです。

⑵ 弁護士からの受任通知で債権者の取り立てが止まる

弁護士に依頼すると**債権者からの取り立て、督促が止まる**ということも弁護士に依頼する大きなメリットです。

弁護士に借金整理を依頼すると、弁護士が債権者に対して、「これから債務整理を行いますので、本人に連絡をしないでください」といった**受任通知**を送ります。そうすると、債権者は、本人に連絡できなくなります。支払いも凍結となり、支払わなくても督促の電話が来ることはありません。

すなわち、これまで債権者に対して支払っていた返済を、いったんしなくてもよくなります。取り立てが来ることは、精神的に大変なストレスになります。取り立てがなくなることで、冷静に物事を考えることができ、平穏な生活を取り戻すことができます。

(3) 家族に内緒で借金整理をやりやすい

借金整理を弁護士に依頼すると、債権者との窓口は弁護士になります。そこで、債権者からの連絡は、弁護士に行くようになり、自分や家族には来なくなります。

家族に借金をしていることを知られてしまうのは、債権者からの電話や郵便物が多いのですが、弁護士に依頼するとこれを回避することができるのです。

特に任意整理の場合には、その後の手続きは、「弁護士にお任せ」となるので、内緒にしておきたいと思うのであれば、ほぼ内緒にできます。

自己破産や個人再生の場合は、裁判所に提出する書類が家計に関するものもあり、今後の家計のコントロールをしていく意味でも、できれば家族に正直にお話しして、協力を得てもらうことをお勧めします。しかし、どうしても家族に内緒にしておきたいというのであれば、弁護士に依頼してやる方が、内緒にしておける可能性は高くなります。

※ 弁護士費用の目安――分割でも大丈夫

弁護士に借金整理を依頼すれば、弁護士費用が掛かります。

「弁護士に頼むのがいいことはわかっている。でも、借金に困ってお金がない状況なのに、弁護士費用なんて高そうだし、とても用意できない……」

そう思って、弁護士に依頼することをためらう人も多いことでしょう。実際のところ、弁護士に頼むとどれくらいの費用がかかるのでしょうか。

弁護士によって、さまざまですが、大まかな目安としては、次のとおりです。

依頼を考えている弁護士の費用基準をよく確認してみてください。

自己破産

30万円～50万円（管財事件の場合は、高くなる場合もあります）

個人再生

30万円～60万円（住宅資金特別条項利用の場合、高くなる場合もあります）

任意整理

1社あたり、3万円～4万円

「お金に困っているのに、こんなお金とても用意できない」と思うかも知れません。実際のところ、一括で準備できる人は、ほとんどいません。

では、どうするかといえば、**「分割払い」**です。

弁護士による受任通知で、**債権者への支払いは停止**します。すなわち、債権者への返済はしなくてよくなります。「収入―《マイナス》生活費支出」の余りを、これまでは返済に充てていたのが、それが浮くことになりますので、その浮いた分を、弁護士費用の分割払いに充てることができるでしょう。

多くの弁護士が、借金問題に悩んでいる人は、一括での費用の支払いは困難だと承知していますので、分割払いに応じてくれると思います。

また、一定以下の収入しかない人や資産がない人の場合、※**法テラス（日本司法支援センター）**と契約している弁護士であれば、法テラスの扶助を受けることによって、弁護士費用の立て替え払いを受けることができ、事実上月１万円や５０００円といった分割払いで弁護士に依頼することもできます。

※日本司法支援センター「法テラス」
経済的に困っている人が、法律の保護が受けられるように、法テラスでは、一定以下の収入や資産の人が、無料法律相談や、弁護士費用の立て替えを受けて弁護士をつけてもらう制度があります。詳しくは、法テラスコールセンターに問い合わせてみてください（TEL ０５７０－０７８３７４《おなやみなし》）。

多くの人が、弁護士に依頼して、自己破産や個人再生、任意整理を行い、借金問題を解決しています。

そこで、本書では、実際に弁護士に依頼した場合を前提に、その後どうなるのかを説明したいと思います。

任意整理の場合には、弁護士が、貸金業者と交渉して分割和解をまとめていきますので、本人がやることはあまりなく「弁護士お任せ」となりますが、自己破産や個人再生は、法的手続きで、裁判所に提出する書類が多数ありますので、弁護士が書いてくれる書類もありますが、自分で集め、作成しなければならない書類もあり、すっかりお任せというわけにはなりません。

そこで、弁護士に依頼した後、依頼者として何をしなければいけないのか、どのような感じで手続きが進んでいくのかを、次章以下で、詳しくお話しします。このイメージを持っておくことで、弁護士に依頼した後も、弁護士と協同して、スムーズに手続きを進めることができるでしょう。

■コラム■

自然災害による被災者の債務整理に関するガイドライン

新型コロナウイルス感染症の影響で収入が減少し、借金の返済が難しくなった人もいるでしょう。そのような人には、もう一つの選択肢として、「自然災害による被災者の債務整理に関するガイドライン」を利用するという方法があります。

新型コロナウイルス感染症の影響により、借金の返済が難しくなった個人（個人事業主も含みます）について、一定の要件のもとに、住宅を手放すことなく、住宅ローン以外の債務の免除・減額を受けることができる制度です。

もともと地震や台風、水害用に作られたガイドラインを、新型コロナウイルス感染症の影響によって返済困難になった人も利用できる特則ができ、令和2年12月1日から運用が開始されました。

新型コロナウイルス感染症の影響で収入が減少した人が対象であり、コロナ禍以前に返済困難になっている場合には利用はできませんが、コロナのために、借金返済が困難になった人にとって、借金問題解決手段として検討対象の一つになります。

このガイドラインの利用では、

・ブラックリストに載らない
・弁護士、不動産鑑定士など専門家の支援が無償で受けられる
・原則として保証人への請求がされない
・財産の一部を手元に残せる
・住宅を手放さなくて済む場合もある

といった大きなメリットがあります。

他方で、借り入れ状況、収入状況、資産の状況を開示した上で、債権者の同意が必要なこと、法人には使えないこと、連帯債務者がいる場合には、共同でなければできないこと、コロナ以前に返済困難になっている場合には使えないことといった要件もあります。

まずは、最も多額のローンを借りている金融機関（住宅ローン会社等）に問い合わせてみてください。

第5章

自己破産

1　自己破産とは

自己破産とは、支払不能に陥った債務者が申し立てをし、裁判所から選任された破産管財人によって今持っている財産をお金に換えて、債権者に平等に返済する手続きです。これと同時に行われる免責手続によって、残っている借金を全て事実上消滅させるものです。

2　自己破産のメリット・デメリット

(1) 自己破産のメリット

自己破産のメリットは、なんといっても、**借金が消える**ことです。「約束返済額」がゼロになることです。ものすごいメリットです。

本来、借りたお金は、返済をするのが原則です。貸す立場になってみれば、後で返済してくれることを信頼してお金を貸したのです。

貸したお金を返してくれなければ、債権者は、債務者に請求をし、それでも債務者が返済してくれなければ、裁判を起こし、勝訴判決をもらって、債務者の財産に対して、強制執行することができます。つまり、強制的に回収することができるのです。

ところが、債務者が、自己破産・免責をしてしまえば、債権者は、強制的に回収することができなくなります。強制的に回収することができないことによって、債権者は、請求を諦めるのです。

自己破産・免責は「借りたお金は返さなければならない」という大原則をひっくり返す制度なのです。

破産制度は、当然に免責を含むものではありません。債務者の財産を換価して、債権者に配当し、借金はそのまま残しておくというのも理屈上はあり得ます。

しかしながら、法は、免責制度を定め、債務者について**経済生活の再出発の機会を確保す**ることにしたのです。

⑵ 意外に少ない自己破産のデメリット

自己破産は、借金をなくしてしまう強力な法的手続きです。その反面、デメリットも任意整理や個人再生に比べて一番大きくなります。

とはいえ、自宅不動産を持っていない方にとっては、**「意外とそうでもない」**のです。

①自己破産では、不動産等の資産を手放さなければならない

破産という手続きは、持っている資産を換価し（お金に換えて）、債権者に対して、債権額に応じて平等に分配するというものです。そこで、「持っている資産」を手放さなければなりません。

こういうと、破産した人は、身ぐるみ剥がされてしまうというイメージを持たれるかも知れませんが、そうではありません。手放さなければならない資産は、実はかなり限定されています。

すなわち、手放さなければならない資産とは、不動産や自動車、有価証券等の高価なものに限られています。日々の生活に必要な洗濯機や冷蔵庫、衣類や洋服たんすといったものは、手放さなくてもいいのです。

不動産といった資産がある方にとっては、自己破産は、それを手放さなくてはならないので、デメリットが大きくなりますが、**逆に資産がない方は、これといった不利益はない**とも言えます。

②官報に名前が載る

自己破産をすると、周囲に自分が自己破産をしたことが知られてしまうのではと、不安に思っている人がいます。

確かに、自己破産をすると「官報」に名前が載ります。官報は公の刊行物ですから、その意味では、他の人に知られる可能性がゼロとは言い切れません。

しかしながら、官報を見る人はほとんどいません。そこで、自分から「破産しています」と言わなければ、誰かに知られることはまずありませんし、会社にも知られることもありません。

③資格の制限がある

破産をすると、破産手続き中（破産手続開始決定から復権まで）は、制限される資格があります。破産手続き中に、弁護士や税理士、警備員、保険募集員、損害保険代理店の仕事をすることはできません。ただ、未来永劫《えいごう》というわけではなく、手続きが終わって復権すれば、資格制限はなくなります。

④ 全ての債権者を対象とする必要がある

自己破産は、法的手続きですので、全ての債権者を対象とする必要があります。一部の債権者を特別扱いすることなく、全ての債権者を公平に取り扱う要請が出てくるのです。そのため、一部の債権者を除外することができません。保証人がついている借金や友人からの借り入れを外して手続きをしたいと考えても、それは許されないのです。

⑤ ギャンブルや浪費による借金の場合には使いづらい

自己破産は、借金を全部カットする手続きですので、ギャンブルや浪費で借金をつくってしまった場合には、すんなり免責が得られるわけではありません。破産法上「免責不許可事由」とされています。

お金を貸した債権者の立場に立ってみれば、破産免責をされるというのは「貸したお金を返してもらえない」ことですから、浪費やギャンブルで返してもらえなくなるというのは納得がいかないことでしょう。

もっとも、実際のところ、浪費やギャンブルがある場合でも、その程度がひどくなければ免責が認められることも多いのですが、少なくとも破産管財人による調査が必要だとして、調査にかかる費用が別途必要になってくるのです。

⑥ブラックリストに載る

信用情報登録、いわゆるブラックリストに載ることは、任意整理や個人再生と同じです。ただ、一部の信用情報登録機関については、自己破産の場合は、掲載期間が長くなることもあります。

⑦家族の協力が必要

配偶者にも内緒で、自己破産をしたいという要望もあります。全くできないわけではありませんが、今後のことを考えると正直にお話しして、配偶者の理解と協力を得てもらう方がよいと思います。

自己破産を行う際には、裁判所に、一家の収入と支出を記載した家計収支表とそこに記載された収入と支出金額の裏付け書類を出す必要があり、場合によっては、自分名義のものだけではなく、配偶者の預金通帳や給与明細書、領収書等を提出しなければなりません。それに、支出の抑制が求められる場合に、配偶者が家計の窮状を知らずに奔放な支出をしていれば、手続きの可否にも影響を与えます。家族一丸となって、問題に取り組む必要があるのです。

家族に対して借金の存在を打ち明ける際には、借金をしていたことの理由の説明や謝罪とともに、自己破産をすることで、借金が全てなくなることになる等のメリット、そして手続きを取らないことによって借金は増え続けてしまうことのデメリットを強調して、協力を求めてみます。

⑶ 破産のデメリットについてよくある誤解

相談者から、破産をしてしまうとこのような不利益があるのでは？　とよく質問されることも、多くは「大丈夫」です。

Q：戸籍や住民票に載るのでは？

A：大丈夫です。載りません。

Q：選挙権がなくなるのでは？

A：大丈夫です。なくなりません。

Q：他の人に知られるのでは？

A：大丈夫です。まず知られません。官報には名前が載りますが、見る人はほとんどいません。自分から「破産しました」と言わない限りは、他の人に知られることは、ほとんどないのです。

Q：家族に請求がいくのでは？　家族の財産が取られてしまうのでは？

A：大丈夫です。家族が保証人になっていなければ請求されませんし、払う必要もありません。家族の財産は、債権者の担保に取られていなければ、破産しても関係がありません。

Q：妻（夫）が現在持っているカードは使えなくなるのでは？

A：既に持っているクレジットカードについては大丈夫です。ただし、同居している家族が新しくカードを作る場合には、審査に引っかかってしまう場合もあります。

Q：会社に知られて、クビになるのでは？

A：大丈夫です。会社に知られることはありませんし、万が一知られたとしても、会社は破産を理由に、解雇することはできません。

Q：仕事に就けなくなるのでは？

A：大丈夫です。採用面接で、「あなたは破産していますか？」と聞かれたら答える必要がありますが、まず、そのような質問はされないでしょうし、自分から「自己破産しています」と言う必要もありません。

Q：破産をすると、身ぐるみ剥がされてしまうのでは？

A：いいえ。大丈夫です。不動産や価値ある自動車以外（例えば、家財道具や洗濯機や冷蔵庫といった生活家電等）は、まずそのまま持っていても大丈夫です。

Q：破産をすると給料を差し押さえられてしまうのでは？

A：いいえ。大丈夫です。逆に破産開始決定後は、債権者は給料を差し押さえることができませんし、差し押さえていた場合は、差し押さえが終わりになります。

Q：破産をすると、警備員や保険外交員等の仕事ができなくなるのでは？

A：破産をすると、制限される資格があります。そのため警備員、保険募集員、損害保険代理店等の仕事をすることはできません。しかし、これは、**破産手続中**（破産手続開始決定から復権まで）のことで、手続きが終われば、資格制限はなくなり、仕事ができます。

破産というと、「もう人生おしまいだ」「身ぐるみ剥がされてしまう」「まともな生活を送れなくなる」といったイメージを持つ人も多いのですが、実際のところ、不動産等のめぼしい資産がなければ、自己破産には、これといったデメリットはないのです。

3　自己破産ができる人・向いている人

(1) 自己破産ができる人

・支払不能に陥っている人

「自己破産をして、借金をなくし、楽になりたい」

そう思っている人の全てが、自己破産ができるわけではありません。

自己破産は、借金が返済できない場合の「最終手段」であり、できれば避けたいと考えている人が多いのですが、なかには、頑張れば返済ができなくはないけど、借金を消して楽になりたいので、自己破産をしたいと思う人もいます。

確かに、残っている借金を全て返さなくてよくなるというのは、ものすごいメリットです。

しかしながら、借金を全てチャラにしたいからといって、一定の収入があって返済能力のある人が、自己破産をできるわけではありません。

自己破産は、法的手続きであり、法が定めた要件に当てはまる人ができる手続きです。借金のある人全てが利用できる手続きではありません（これに対して、任意整理は、法的手続きではなく、合意をめざした交渉ですから、特に法的な要件があるわけではなく、借金のある人が、やろうと思えばできます）。

自己破産に伴う免責制度は「借りたお金は、返済しなければならない」という原則の例外ですから、本当に苦しい人、そのままでは返済が無理だという人だけが対象となります。

例えば、手取り月50万円の収入の人が、１００万円の借金があって、月3万円の返済が嫌だなと思って、借金を消してしまおうと、破産をしたいと考えても、裁判所は「あなた、そんなに収入があるなら返せるでしょ」と破産することは認めてくれません。

破産法では、破産ができるためには**「支払不能」**という要件が必要とされています。支払不能とは、「債務者が支払能力を欠くために、その債務のうち弁済期にあるものにつき、一般的かつ継続的に弁済することができない状態をいう」とされています。ざっくりといえば、借金が増えてしまって、収入や資産では返済することができず、返済のために、別のところから借金をして返済をしているような状況です。

毎月の家計収支の状況では、「収入＜生活費」あるいは、「収入＞生活費」であっても、収入－《マイナス》生活費の余りがほとんどなく、借金返済に回すお金がないような場合です。

借金総額だけではなく「約束返済額」と「返済可能額」の差額にも着目します。

資産がある場合や、収入の増額や生活費の圧縮ができるような場合には、単純に「支払不能」とはなりません。

現在、無職であって、病気等により、なかなか就職もできない、生活保護を受けているという状況であれば、１００万円以下の借金でも「支払不能」と認められ、破産免責が許可された例もあります。

他方で、負債総額が大きくても、収入が高く、返済能力がある場合には、「支払不能」とは認められないのです。

・免責不許可事由のない人
――露骨に浪費やギャンブルで借金をつくったわけではない人

法的には、自己破産手続（資産をお金に換えて債権者に平等に返済をする手続き）と免責手続（残った借金を返済しなくてよいかどうかを審査する手続き）は別ですが、個人が自己破産をする目的は、免責を得ることにあります。破産はしても、免責許可を得られなければ意味がありません。

そして、免責許可の要件として**「免責不許可事由のないこと」**があり、浪費やギャンブルで借金を膨らませた人の場合、免責不許可事由ありとして、免責許可を得られない可能性があります。

(2) 自己破産が向いている人

次に、自己破産が向いている人について説明しましょう。それは、自己破産のメリットを享受しつつ、デメリットの影響が少ない人です。

・借金の額が大きい人

自己破産のメリットは、なんといっても借金全額カットですから、「多重債務の状態で借金をとても払うことができない」という人にとっては、大きなメリットがあります。借金の額にかかわらず、全額カットされます。

借金返済がなくなることで、収入―生活費支出の余りを貯金に回すことも可能となります。

・資産（主に自宅不動産）がない人

他方で、自己破産には、自分の資産を清算するというデメリットがあります。つまり、保有資産を維持することができません。しかしながら、先にお話ししたとおり、不動産以外の多くの財産は、維持することができますので、結局、破産でのデメリットとは、自宅がある場合に、自宅を維持することができないことです（このデメリットを回避するのが、個人再生です）。

ですから、自宅不動産がない方は、自分の財産を処分する必要はほぼなく、これといったデメリットがないといってもよいほどです。

・浪費やギャンブルのために借金をしたわけではない人

自己破産の場合、借り入れ原因が、浪費やギャンブルであれば、免責不許可事由とされ、すんなりと免責にはなりません。他方で、一部でも返済する個人再生の場合には、浪費やギャンブルのための借り入れであっても、再生計画認可に影響を与えることはありません。

そこで、借り入れ原因が、浪費やギャンブルの場合には、免責が問題となる自己破産より、個人再生が向いているといえます。

・できる限り楽になりたい人

後は主観的な問題として、「破産者にはなりたくない」「借りたお金は少しでも返済したい」と思っているかどうかです。そのようなお気持ちは大切なことですので、そう思っている人にとっては、できる限り、返済方向の借金整理である「任意整理」か「個人再生」ができないかを検討するということになり、破産はあまり向いていない選択肢といえます。

逆に、自己破産は「できる限り楽になりたい」と思っている人に向いた手続きになります。

◆自己破産が向いている人のまとめ

・借金の額が大きい人
・自宅不動産を持っていない人
・浪費やギャンブルのために借金をしたわけではない人
・できる限り楽になりたい人

■コラム■

財産がなくてよかった？

「借金が膨れあがってしまい、自己破産をしたいのですが」と相談者が弁護士に向かって言った。

すると、弁護士は、相談者に質問をした。

「そうですか。何か財産はお持ちですか？」

「何もありません。すっからかんです」

相談者はため息をつきながら答えた。

弁護士は、ニッコリ笑って、

「それはよかったです。あなたは破産向きですよ」

「はい？？」

財産がないことが、よかったと言われるなんて、変な会話ですよね。

破産は、持っている財産を処分しなければならないところがデメリットですから、持っている財産が多ければ多いほどそのデメリットは大きくなるものです。

逆に、何も財産がないということは、手放さなければならない財産もないということですから、破産のデメリットもさほど大きくなりません。財産がないことが「破産向き」となるのです。

4　同時廃止事件か管財事件か、それが問題だ

(1) 破産手続には、同時廃止事件と管財事件がある

破産申立をすると、**同時廃止事件と管財事件**の大きく二つのコースに分類されます。

破産手続は、債務者の財産を換価して（お金に換えて）、配当する（債権者に平等に弁済する）という手続きを本質とするものですが、多くの債務者には、換価・配当できるような財産がありません。

債務者に、特に換価できるような財産がなく、免責について問題がないような場合には、**「同時廃止事件」**といって、破産手続開始と同時に、その手続きが「廃止」、すなわち終わり

になります。

そこで、同時廃止事件については、破産手続開始決定が出れば、ほぼこれで大丈夫という感覚です。**「同時廃止」**とは始まりと終わりが同時という意味です。始まりと終わりに時間差がある場合は**「異時廃止」**といいます。

破産手続は、本来、支払不能に陥った債務者の財産を換価し、全ての債権者に、配当するという手続きですが、そのような換価可能な財産がなければ、手続きをやるだけ無駄なので、「同時廃止」として終わりにしているのです。

換価できる財産がある場合や、調査すれば財産が見つかる可能性がある場合には、原則どおり、財産調査、換価、債権者への配当と、手続きを進めることになります。

その、「財産調査、換価、配当」を行うのが、裁判所から選任された**破産管財人**です。破産管財人は弁護士の中から選任されます。

破産管財人が、申立書類を確認し、申立人と面談、債権者からの意見聴取、破産者への郵便物の確認等を通じて、換価すべき財産があるかを調査し、あれば換価していきます。

このように、法の建前としては、清算手続き（換価と配当）を行う管財事件が原則となり、同時廃止事件は例外なのですが、実際には、換価できる財産を持っている人の申し立てはごく少数で、**多くが「同時廃止事件」となります。**

⑵ 同時廃止事件と管財事件の違い

破産申立をしようとする人にとって、「同時廃止事件」となるのか、「管財事件」となるのかは、掛かる費用や労力が異なり、大きな問題です。同時廃止事件とするのか、管財事件とするのかは、申立書類や補正書類、債務者審尋を踏まえて、裁判所が判断します。

申立人の立場にたった「同時廃止事件」と「管財事件」の違いを説明しましょう。

・費用について

同時廃止事件は、裁判所に納める費用は、2万円程度で済むのに対し、管財事件は、ライトなものでも、さらに10万円や20万円掛かるようになります。

「お金がないから破産しようとしているのに、そんなお金払えません！」という声が聞こえてきそうですが、そうなのです。

なお、複雑な管財事件、換価する財産や、財産調査する必要がいろいろとある場合には、**「通常管財事件」**として、裁判所に納める費用（予納金）がもっと高くなることもあります。

・労力について

同時廃止事件は、その後、免責の審査となりますが、その審査は、原則として書類審査だけで、裁判官との面接がある場合があっても簡単なもので終わります。

裁判官との面接がないということは、1回も裁判所に行かずに、手続きが終わって免責になるということです。

他方で、管財事件は、破産管財人の調査が必要となりますから、破産管財人の法律事務所に行って、管財人と面接をして、あれこれと管財人からの質問に答える必要があります。その面接は、1回で済むこともありますが、事件の内容や管財人の方針によっては、何度か必要となることもあります。

また、申し立てをした裁判所で行われる「債権者集会」「免責審尋期日」への出頭は、必須となりますから、裁判所に1回、場合によっては、数回行く必要が出てきます。

その他、「管財事件」となる場合には、破産手続が継続することになる結果、債務者は、「破産者」として、破産手続を進める上でいくつかの制限があります。

・説明義務……破産者は、破産管財人に対して必要な説明をしなければなりません。

・居住の制限……破産者は、裁判所の許可がなければ、居住地を離れて転居したり、長期間の旅行をしたりすることはできません。

・郵便物の転送

全ての管財事件がそうだというわけではありませんが、財産調査のため、破産者への郵便物が、管財人にいったん送られることもあります。

そこから、財産目録に記載されていなかった保険の存在や、債権者一覧表で記載のなかった債権者の存在がわかったりすることもあるからです。

また、管財事件となりますと、免責、復権までの時間が同時廃止事件と比べて長くなりますから、資格制限がある仕事（保険募集員、警備員）は、しばらく就けないということになります。

同時廃止事件と管財事件の比較

	同時廃止事件	管財事件
破産管財人がつくか	管財人はつかない	管財人がつく（管財人との面接が必要になる）
裁判所に納める費用	安い	高い 簡易管財（10・20 万円） 通常管財（50 万円～）
期間	短い（半年程度）	長い（半年以上）
免責審尋	ないこともある	ある（裁判所に出頭）
債権者集会	ない	ある（裁判所に出頭）
制約	ない	郵便物転送（ないこともある） 管財人への説明義務
対象	換価対象財産なし、財産調査不要、免責不許可事由なし	換価対象財産あり、財産調査必要、自由財産拡張必要、個人事業主、免責不許可事由あり

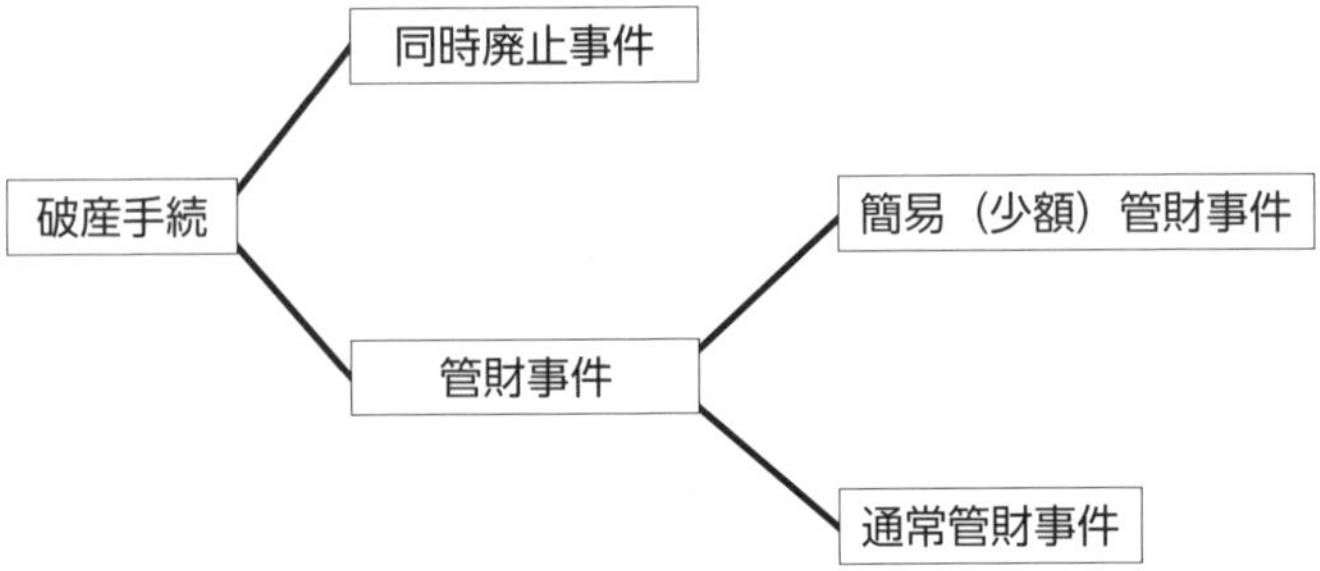

(3) 同時廃止事件か管財事件かの振り分け基準

このように、同時廃止事件になるのか、管財事件となるのかは、申立人にとっては大きな問題です。

では、どのような場合が同時廃止事件となり、どのような場合が管財事件となるのでしょうか。

ざっくりいえば、管財事件になるかどうかは、破産管財人をつけて、**財産調査、換価、免責調査が必要かどうか**です。

そこで、換価すべき財産がないことがはっきりしている場合、免責不許可事由も見当たらない場合には、同時廃止事件になりやすくなります。

ただ、換価すべき財産がなくても同時廃止とならずに管財事件となる場合もあります。それは、財産調査が必要な場合（例えば、判然としない入金、出金がある場合）や後で詳しくお話しする自由財産拡張の裁判上申がある場合です。

原則として管財事件となる場合

・評価額が20万円以上の財産（生命保険、自動車等）がある
・不動産がある
・事業を営んでいる
・借り入れの原因が浪費やギャンブル等免責不許可事由がある

※自宅不動産があっても管財事件とならない場合もある

不動産があれば、原則として管財事件となりますが、不動産があっても残ローン額が不動産時価のおおむね1・5倍を超えるような場合には、管財事件にならずに、同時廃止事件になる場合もあります。

(4) 簡易管財事件と通常管財事件

破産手続には、大きく「同時廃止事件」と「管財事件」とがありますが、「管財事件」は、さらに「**簡易管財事件**」と「**通常管財事件**」があります。簡易管財事件は、**少額管財**と呼ぶ裁判所もあります（例えば東京地方裁判所）。

申立人にとっては、簡易管財事件の方が、予納金が少なくて済みますから（10万、20万）、

依頼を受けた弁護士としても、管財事件はやむを得ないとしても、できる限り簡易管財にできないか、検討し、動くことになります。

要は、破産申立前に、管財人のやる仕事を軽くしておくこと、例えば、賃貸借契約等の継続している契約があれば、解約をしておくこと、申し立て前にできる財産換価や廃棄物処分はしておくことです。

自宅不動産のみの売却の場合や免責調査のための管財事件の場合には、簡易管財事件になることが多いようです。

5　破産しても持っていていい財産、破産で手放さなければならない財産

(1) 破産しても身ぐるみ剥がされるわけではない——自由財産と破産財団

自己破産をすると、全ての財産を手放さなくてはならない、といったイメージを持たれるかもしれませんが、そのようなことはありません。不動産といった大きな財産は手放す必要がありますが、実は、**家財道具や預貯金等、多くの財産はそのまま手元に残せる**のです。

破産手続によって、換価して、債権者への配当に回す財産を「**破産財団**」、破産手続が始まっ

てもそのまま保有できる財産を「自由財産」といいます。

⑵ 自由財産と破産財団の区別

では、自分の財産のうち、どの財産が「破産財団」となり、どの財産が「自由財産」となるのでしょうか？

破産手続は、破産申立人の財産を換価して、債権者に平等に配当することを目的とする手続きです。

したがって、破産のとき（破産手続開始決定時）に持っていた財産は、「破産財団」として換価配当の対象となります。逆に、破産手続開始「決定後」に得た財産は、換価の対象になりません。

しかしながら、破産のときに持っていた財産の全てが換価対象となるわけではありません。一定の財産は、「自由財産」として、そのまま保持できます。。

自由財産には、法律上当然に自由財産になる本来的自由財産と自由財産拡張という手続きによって自由財産にできるものがあります。

そして、この自由財産の範囲は、意外と広く、全部自由財産となって（破産財団になるものがなく）、破産をしても自分の持っている財産を手放さなくてよいということがほとんどです。

どのようなものが自由財産に当たるのか見ていきましょう。

法律上、当然に自由財産になるものとしては、次のようなものがあります。

①　金銭（現金）99万円

②　金銭以外の差し押さえが禁止された財産

ア．民事執行法上の差し押さえ禁止財産

・生活に欠くことができない衣服、寝具、台所用品、畳及び建具

・１カ月間の生活に必要な食料・燃料

・農業、漁業従事者の農機具、漁具など

イ．民事執行法上の差し押さえ禁止債権

・給料、退職手当（原則４分の３相当部分）

ウ．特別法上の差し押さえ禁止債権

・生活保護受給権、老齢年金受給権など

現金も99万円という、相当多い金額まで、そのまま持っていいのです。生活のために必要な家財道具等も手放す必要はありません。

⑶ 自由財産の範囲は拡げることができる

さらに、自由財産の範囲は、家財道具等の本来的自由財産の他に、一定の手続き（自由財産拡張の裁判）を取ることによって、拡げることができます。

自由財産拡張によって拡げられる自由財産の枠は広く、**自動車や生命保険をそのまま維持できることもあります。**

自由財産拡張をする際には、必然的に簡易管財事件となり、一定の予納金が必要となりますが、財産の種類によっては合計99万円までなら、自由財産の範囲が拡がるので、申立人にとっては、大変ありがたい手続きです。

拡張が認められる財産は、**預貯金、保険解約返戻金、積立金、自動車、退職金、過払い金債権**についてです。

自由財産の拡張は、常に認められるわけではありませんが、不動産や有価証券以外はおおむね大丈夫です。生命保険の場合、自由財産拡張の裁判を使うことで、解約することなく、維持できます。

その他の財産も含めて99万円を超えるような場合には、その財産の必要性を伝えつつ99万円を超えた部分を破産財団に組み入れることによって、保険は解約せずに維持できる可能性もあります。

他方で、不動産や有価証券（ゴルフ会員権、株券等）、高価品（20万円以上、宝石や高級時計等）は、自由財産拡張の対象とはなりません。

「破産」といえば、全ての財産を手放さなければならない、というようなイメージを持っている人も多いのですが、実際のところ、**自由財産拡張までやれば、大抵の現有財産は保持することができる**ものなのです。実際のところ、手放さなければならない財産として問題になるのは、**自宅不動産だけ**になります。

◆まとめ　破産者の財産

1.（本来的）自由財産

法律上当然に自由財産となるもの

〔例〕20万円以下資産、家財道具

2.自由財産拡張対象財産

何もしなければ破産財団であるが、自由財産拡張の裁判を経れば自由財産にできるもの

〔例〕20万円を超える生命保険解約返戻金、積立金　自動車

3．破産財団

換価の対象となるもの（破産者が手放さなければならない財産）

〔例〕土地や建物、マンションといった不動産、有価証券

6　破産しても免責されない借金もある——非免責債権

自己破産のメリットは、借金が元金も含めて全てカットされる、支払わなくてもよくなるということです。

それは、破産申立と同時に免責許可の申し立てがなされ、裁判所の審理がなされ「免責許可」とされれば、破産手続開始時までにあった借金は、払わなくていいということです。

ですから、仮に、**破産手続開始決定「後」に借りたお金は、カットの対象にはなりません。**

また、破産申立前に借りたお金であってもカットの対象とならない借金もあります。**税金等の公租公課、養育費、婚姻費用の滞納分、罰金は、「非免責債権」**として、免責の対象にはなりません。

こうした債権については、破産免責をしても、支払いが免除されるべきではなく、債務者

はきちんと支払うべきであると法が判断したのです。

非免責債権は、免責許可を受けても残ります。特に**税金**は、どこまでも追いかけてきますし、滞納することで金額も増えていきますから、早めに役所の窓口にいって、分納のお願いをしておきましょう。

養育費については、法律上非免責債権とされていることもありますが、お子さんのための費用ですから、頑張って支払ってください。

養育費の支払いがないために、生活に困窮してしまう母子世帯も多いのです。転職して収入が減ったため、決められた金額がとても高くて送金が困難ということであれば、減額の話し合いを相手に申し入れてみてください。もし相手が減額に応じてくれなければ、**養育費減額調停**を家庭裁判所に申し立てをして、減額を試みるやり方もあります。

どのようなものが非免責債権に当たるのかは、破産法で定められています。

1. 租税等の請求権
2. 破産者が悪意で加えた不法行為に基づく損害賠償請求権
3. 破産者が故意又は重大な過失により加えた人の生命又は身体を害する不法行為に基づく損害賠償請求権

4. 次に掲げる義務に係る請求権
(イ) 夫婦間の協力及び扶助の義務
(ロ) 婚姻から生ずる費用の分担の義務
(ハ) 子の監護に関する義務
(ニ) 直系血族及び兄弟姉妹の扶養義務
(ホ) イ～ニに類する義務で契約に基づくもの
5. 雇用関係に基づいて生じた使用人の請求権及び使用人の預り金の返還請求権
6. 破産者が知りながら債権者名簿に記載しなかった請求権（破産手続開始の決定があったことを知っていた者の請求権は除く）
7. 罰金等の請求権

7　自分が免責されても、保証人の責任は免責されない

自分の借金に保証人がいる場合、自分の免責によって、保証人もまた払わずに済むというわけではありません。**自分の借金は免責されても、保証人の責任は免責されません。**

自分の借金に、第三者（例えば親）の土地を担保に提供していた場合（物上保証といいま

す）も、第三者の担保は、強制執行されるリスクにさらされます。

債権者にとってみれば、債務者本人が、借金を払えなくなったときに備えて保証人、担保をとっていたわけですから、債務者本人が自己破産をした場合には、まさに備えていたときがやって来たということになります。債務者が免責したからといって、保証人の責任が消えないのは、考えてみれば当たり前のことです。

債務者が負った多額の借金が、債務者の破産のために、保証人にふりかかってきて、保証人も払えないという場合には、保証人自身の自己破産や任意整理といった対応を検討する必要があります。

このように相談者にご説明すると、支払不能の状態であっても「保証人にはどうしても迷惑をかけたくない」といって、「絶対に自己破産はしたくない」という人もいます。

もちろん、保証人には迷惑をかけないために、自己破産を避けたいというお気持ちはわかるのですが、既に支払いが困難な状況に陥っていれば、破産をやるしかないのです。

実は、破産をしたほうが、保証人に対する迷惑の程度を軽くすることができる場合もあります。

どういう意味かといいますと、破産手続をやるといえば、債権者から保証人に対して、請求が行きます。保証人は、保証人自身が自己破産をしない限りは、債権者に対して、弁済をしなければなりません。そして、手続きが終わった後に、自分として保証人に迷惑をかけないために、できることがあるのです。

すなわち、**破産手続が「終わった後」に、自分が得た収入の中から、少しずつでも保証人が債権者に対して払ったお金を、保証人に対して送金すればいい**のです。破産によって、借金は消えていて、毎月返済に充てる分がなくなったのですから、少しは余裕もあるでしょう。

他方で、破産をしないまま、債権者への支払いを残しておくと、保証人に対してそのようなフォローをする余裕もありません。そして、破産をせずとも、返済は滞ってしまい、結局、債権者から保証人に請求は行ってしまい、保証人は肩代わりしなければならないし、保証人に対して、事後的に穴埋めをすることもできないのです。

8　免責されない場合もある——免責不許可事由

債務者が破産申立をするのは、借金をなくしたいからです。つまり、免責を得ることが目的です。

破産をすれば、たいていの場合、免責を得ることができますが、常に裁判所から認めてもらえるとは限りません。破産法が要求した要件を満たす必要があります。それは、免責不許可事由がないこと、もしくはあったとしても裁量免責が認められることです。**競馬やパチンコ等のギャンブル、キャバクラ遊びや遊興費の浪費で借金をつくった場合**等には、**「免責不許可事由」**があるとして、免責が認められないこともあります。

債権者の立場からすると、貸したお金で債務者にさんざん遊ばれた挙げ句に、免責される、貸したお金を踏み倒されるとしたら、大変腹立たしいことですよね。

そういうけしからん理由で借金をつくった場合には、免責を認めないというのが、法と裁判所の立場なのです。

とはいえ、ギャンブルや浪費にも程度の差があり、ギャンブルや浪費が借金の原因であって、「免責不許可事由」がある場合に、常に免責不許可となるわけではありません。

破産管財人の調査によって、ギャンブルや浪費の程度が低いこと、債権者から免責について異議が出なかったこと、本人が反省し、今後はギャンブルをしないと誓っているとして、破産管財人より「裁量免責」相当の意見が出された場合には、裁判所も**「裁量免責」**とすることが多いようです。

もっとも、浪費やギャンブルが原因の場合には、破産管財人の調査が必要な事件（管財事件）として、裁判所に納める費用も高くなりますから注意が必要です。

免責の審査

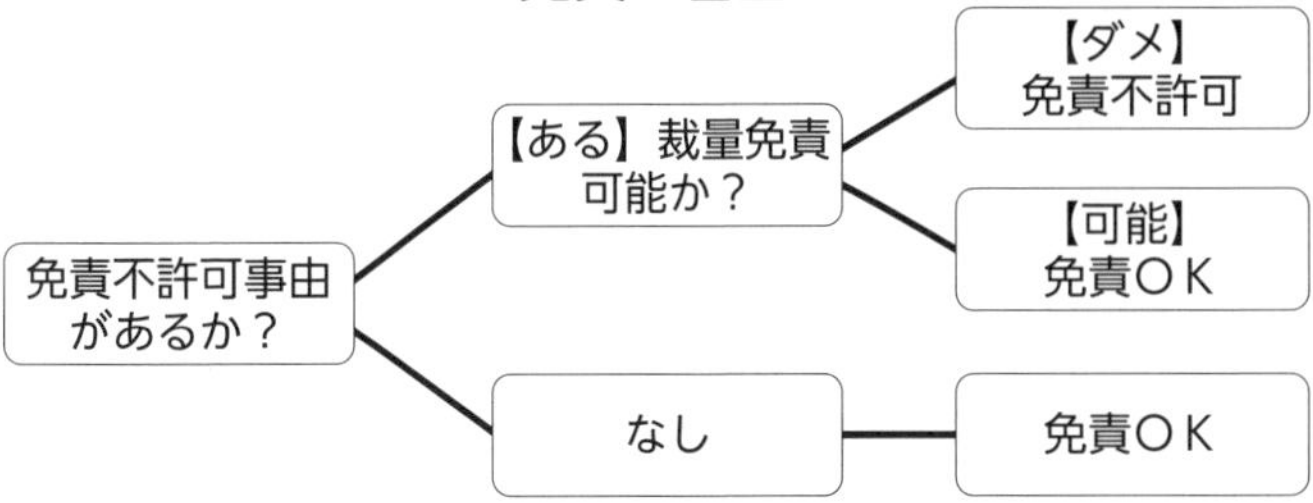

「免責不許可事由」には、ギャンブルや浪費の他、

・現金をつくる目的で、カードでショッピングをして換金した場合
・収入や資産を偽り、債権者をだましてお金を借りた場合
・破産財団に属する財産を隠したり、壊したりした場合
・破産申立に関する書類にうそのことを記載した場合
・うその債権者名簿を提出した場合
・破産管財人の調査に協力しない場合
・前回の免責許可決定確定の日から7年以内に再度の免責許可申立をした場合

等もあります。

ギャンブルや浪費で借金を増やし、返済できなくなってしまった場合で、本人に一定の返済能力がある場合の人の相談を受けた際には、「自己破産」ではなく、「個人再生」をお勧めしています。

自己破産と異なり、個人再生の場合には、ギャンブルや浪費が原因だからといって、再生ができないということはありませんし、道義的にも、ギャンブルや浪費でつくった借金については、まったく返済しない「自己破産」ではなく、一部は頑張って払うという「個人再生」の方が、気持ちのいいものです。

免責許可決定書は、「はい、これで借金はなくなりました」という裁判所のお墨付きですから、大切に保管しておきましょう。もし、債権者から破産前の借金について請求がきたら、免責許可決定書の写しを送って「免責となっていますので、お支払いいたしかねます」と伝えれば、その後請求が来ることはないでしょう。

※破産手続中に、強制執行をすることはできない

破産申立前に、給料を差し押さえられていても、破産手続きを開始すると、給料差し押えを止めることができます。これを「**中止**」といいます。

免責手続中の破産者に対する強制執行等は中止され、免責が確定した場合に強制執行の効力はなくなります。

そこで、給料を差し押さえられている場合には、早めに破産手続開始決定を得た方がよいので、申し立てを急ぐことになります。

※二度目の破産で免責が認められるのか？

破産法で、免責許可決定確定後7年以内の再度の免責許可申立は、免責不許可事由とされています。また7年経過後の再度の破産免責も、時期が近ければ近いほど、厳しく審査をされ、免責不許可事由の調査が必要だとして管財事件になる可能性が高くなります。

とはいえ、二度と免責ができないというわけではなく、新たな借り入れを増やしてしまった原因にもよりますが、10年以上経過していれば、免責が認められることが多いようです。

9　自己破産の手続きの流れ

(1)　申し立てまでの流れ

①　弁護士相談

弁護士に依頼して、自己破産手続きを行う場合の流れについて説明しましょう。

まずは、弁護士に相談するところからスタートですが、できれば、弁護士に現在状況を説明するために「家計収支表」と「借入先一覧表」を作成し、相談に持参するとよいでしょう。これがあると、相談がスムーズに進むはずです。

・家計収支表の作成……「収入」「支出」から「返済可能額」がわかります。

・借入先一覧表の作成……「総額」と毎月の「約束返済額」がわかります。

ただし、これはあればベターというものであり、準備ができないからといって、相談をためらう必要はありません。本当に借金返済に困っているならば、すぐに弁護士に相談した方がよいでしょう。相談にいけば、弁護士が質問をしながら確認していくので大丈夫です。

②弁護士に依頼をする

弁護士に相談し、自分にふさわしい借金問題解決法について弁護士の説明を受けます。何らかの対策が必要か、必要として任意整理、個人再生、自己破産ができるのか、いいのかのアドバイスがあるかと思います。それぞれ弁護士費用が違いますから、費用も含めて納得ができれば、その弁護士に依頼します。

もし、その弁護士の言っていることに疑問がある場合には、相談だけで終わっても構いません。弁護士に依頼をした後は、基本的には、その弁護士のアドバイスに従っていれば大丈夫です。わからないところがあれば、質問すれば答えてくれるはずです。

依頼すると弁護士は、借入先一覧表記載の債権者に**受任通知**を発送するとともに、債権調査を行います。

その後、多くは、2、3カ月後に申立書類の打ち合わせ日を入れます。管財事件になる可能性が高い場合は、予納金準備のため、時間をかけることもあります。

依頼の際には、契約書や請求書、カード等を弁護士に預けます。

※ 受任通知を出してもらうタイミングには注意が必要

弁護士に債務整理（任意整理・個人再生・自己破産）を依頼すると、弁護士が、各債権者に対して「受任通知」を発送することで債権者からの取り立てが止まります。以後、約束していた返済をしなくても、債権者から連絡が来ることはありません。

しかし、受任通知を出してもらうタイミングをいつにするかは、考慮が必要です。

既に取り立てが来ている場合には、「とにかく早く出してほしい」と思いがちですが、受任通知が債権者の元に届くことで、単に請求が止まるだけではなく、いろいろなことが起きる場合があるからです。

受任通知の発送は、**「支払停止」**とされ、それ以降は、破産や再生手続に向けて、全ての債権者に対する返済を凍結できるとともに、凍結しなければならないことになります。その後は、一部の債権者だけに弁済すること**（偏頗《へんぱ》弁済《べんさい》）**は原則として許されなくなります。

受任通知の「効果」には、以下のようなものがあります。

・債権者は、債務者に対して、取り立て（請求）ができなくなる。債務者からみれば、取り立てが止まる。

・債権者への支払いが、口座引き落としの場合、引き落としが止まる。

・債権者が、同時に債務者でもある場合、例えば銀行にお金を借りて、その銀行に預金もある場合、その預金は受任通知到達によって、引き出せなくなり、その後相殺されてしまう（預金分が強制的に返済に充てられてしまう）。

タイミングが悪く、給料が振り込まれたすぐ後に口座がロックされた場合、給料を弁済に充てられてしまうので注意が必要です。また銀行からの借金に、保証人をつけている場合、その保証人がその銀行に預金があると、それも相殺されてしまいます（見落としやすいので注意が必要です）。

・これ以降、お金を借りることができなくなります。すなわち、自分の収入だけで、生活を回していく必要があります。

・これ以降、債権者に、返すこともできなくなります。一部の債権者だけに返済したくてもできなくなります。

(保証人がいる場合)返せないことで、保証人がいる場合には保証人に請求がいきます。

(車のローンの場合)返せないことで、車を引き揚げられます。

(電話代滞納の場合)返せないことで、電話が使えなくなります。

いろいろなことが起きるため、どのタイミングで、受任通知を送ってもらうかは、弁護士とよく相談して決めてください。

電話料金等は、滞納金額にもよりますが、今後継続して使用したいのであれば、受任通知発送までに、完済しておくことも検討します。

③申し立て準備

弁護士に依頼した後の、破産申立までの流れは、弁護士によって、詳細は異なるかと思いますが、大まかなところでは、共通しているかと思います。

参考までに、私の事務所では、次のような流れです。

弁護士が、破産申立に必要な書類の説明をする

↓

依頼者が必要書類を作成し、集める（弁護士が集める書類もある。例えば自宅不動産の簡易査定書等）

↓

弁護士と打ち合わせをし、書類がそろっているか確認する

不足書類を確認していく

書き方のわからない書類（陳述書や家計収支表等）は、弁護士がアドバイスを行い、あるいは弁護士が聴き取りながら補充をしていく

↓

不足書類につき、郵送で送ってもらう

また、必要に応じて、打ち合わせを行う

↓

破産申立（取りそろえた書類を裁判所に提出する）

自己破産申立に必要な書類とは

自己破産申立に必要な書類を説明します。

本書では、仙台地方裁判所の書式を前提にお話しします。なお、細かいところでは、各裁判所によって微妙に異なりますが、他の裁判所でも大枠では共通しているはずです。

どこの裁判所に申し立てるかですが、自分が住んでいる地域の地方裁判所となります。

○集める書類

・戸籍謄本〔役所〕
・住民票〔役所〕
・賃貸借契約書（賃貸の場合）
・課税証明書〔役所〕、源泉徴収票
・3カ月分の給与明細書
・年金や児童手当といった公的給付がある場合には、その受給者証と金額がわかる書類
・預金通帳　2年分の取引履歴
・債権者一覧表　債権届出書（弁護士に依頼している場合には、通常弁護士が債権調査

の上、集めてくれます）
・家計収支表の支出を裏付ける書類（振込証、領収書等）
資産を持っている場合に必要な書類
・保険　保険証券　解約返戻金の試算書
・自動車　車検証　自動車の査定書
・不動産　不動産登記事項証明書〔法務局〕　固定資産評価証明書〔役所〕　不動産会社による不動産査定書

◯事業を経営している方（過去2年以内に事業を営んでいた方）は、以下の書類がさらに必要となります。
・商業登記事項証明書（法人化している場合）
・直近2年分の確定申告書及び決算書
・直近3カ月分の元帳
・事業用資産としての不動産がある場合には、不動産登記事項証明書
・事業用資産としての車両がある場合には、車検証と査定書

○書く書類（裁判所が指定した用紙に記入していきます）

・破産免責申立書　弁護士に依頼すれば弁護士が作成します。
・陳述書
・家計収支表　2カ月分
・財産目録　財産目録記載の財産がある場合には、その裏付け書類
・事業に関する陳述書（事業をしている場合）
・滞納公租公課一覧表

いろいろと書類があって大変だなと思われるかも知れませんが、弁護士もサポートしますので、大丈夫です。

これらの書類を、2、3カ月後に決められた弁護士との打ち合わせの日に持参します。

④弁護士との打ち合わせ

集めた書類や作成した書類を法律事務所に持参して、弁護士に申し立てに必要な書類がそろっているか見てもらいます。

弁護士は、チェックリストにそって、書類がそろっているか確認していきます。

足らない書類があれば、それをメモしてお渡しします。書類に記載漏れがあれば、その場で質問しながら、補充していきます。

私のこれまでの経験上、1回目に、必要書類をそろえられる人はほとんどいません。多くの人が追加の書類が必要となります。

追加で必要な書類が多い場合には、もう一度打ち合わせを入れて、不足書類を持って来てもらいます。それほどない場合には、郵送でお願いしています。

弁護士によっては、面談の打ち合わせを入れずに、郵送と電話のやりとりで済ませているところもあるようです。

まず、ここまでが、依頼者にとって大きな山場です。弁護士の確認を経て、裁判所に提出できるものを仕上げていく過程です。いわば予備審査といってもよいでしょう。

⑤裁判所へ申し立て

これは、弁護士の仕事になります。書類を整えて、裁判所に申し立てを行います。

これまでに必要な予納金を弁護士に預けておくのが望ましいです。

(2) 申し立て後の流れ

破産を申し立てた後の流れを説明しましょう。同時廃止事件と管財事件で少し流れが違います。

① 破産の同時廃止事件の場合

1. 申し立て

申し立てをすると、「令和○年（フ）○○号破産申立事件」と事件番号がつき、受理票が発行されます。

2. 裁判所における書面審査・補正依頼

裁判所が、申立書や申立添付書類を精査して、書類の追加依頼、説明依頼が、弁護士宛てにきます。これを「補正依頼」といいます。

例えば、「医療費の領収書を出してください」「○○銀行通帳に記載のある○年○月○日の20万円の入金は何ですか？」といった感じです。

これに答えていきます。弁護士だけで答えられるのは、そのまま答えますが、わからないところは、依頼者に確認したり、補充書類を提出してもらったりして、回答書を作成し、裁判所に提出します。簡単なものは、電話やメール、郵送でのやりとりで済ませますが、依頼者に、詳しく事情を確認しなければならない事項については、面談での打ち合わせをして、回答書を作っていきます。

1回の補正で終わらないこともあり、2回、3回と補正回答をしなければならないこともあります。ここが、破産手続きの大きな山場と言ってもよいかも知れません。

3．債務者審尋、申立代理人裁判官面接

裁判所によって運用は異なり、裁判所に行くことなく、書類審査だけで開始決定が出るところもありますが、債務者の審尋（裁判官の質問に答える）や申立代理人の裁判官面接が必要な裁判所もあります。

4．破産手続開始決定・同時廃止決定

裁判所からの質問に、誠実に答えて、書類審査を通過すると（場合によっては債務者審尋）、晴れて「破産手続開始決定」となります。

「破産手続開始」とあるように、このときから破産手続が始まるのですが、実際のとこ

ろ、依頼者の労力は、「破産手続開始決定」までの方が大変であり、開始決定までこぎつければ、ほぼ大丈夫という感じです。

※東京地方裁判所の「即日面接」

東京地方裁判所では、弁護士が代理人になっている場合には、即日面接制度がとられていて、破産申立日（もしくはそれに近い日）に、裁判官と代理人弁護士が面接をし、弁護士が裁判官からの質問に答え、裁判官が問題ないと判断すれば、すぐに、破産手続開始決定がなされます。

換価すべき財産がなく、財産調査の必要性もなく、免責についても問題がないようであれば、管財事件とならずに、「同時廃止決定」がなされます。

5．破産手続開始決定後の流れ

開始決定・同時廃止決定

↓　2週間程度

官報掲載

↓　2週間

破産手続廃止確定

↓　官報掲載から1カ月以上

免責についての意見申述期間満了

↓

免責審尋　裁判官から免責に関する質問を受けて答える。弁護士も同行することが多い。時間は5分もかからないことが多い。裁判所の運用によっては、審尋がないこともある。

↓

免責許可決定

↓　1カ月程度　債権者に不服がある場合の不服申立期間

免責許可決定確定

② 簡易管財事件の場合

申し立て、裁判所における書面審査・補正依頼、債務者審尋までは、同時廃止事件と同じです。異なってくるのは、開始決定後の流れです。

1．開始決定・破産管財人選任

管財事件の場合、同時に破産管財人が選任されます。破産管財人は、財産の調査や換価、免責不許可事由の調査等を行います。

（管財人の調査）

・財産の調査と換価
・自由財産拡張裁判について不相当な事由の調査
・免責不許可事由に関する調査

2．管財人と面接

管財人の調査の一環として、申立人は、管財人の質問を受け、それに答えます。管財人は、裁判所から選任された弁護士なので、管財人の法律事務所で面談することが多いでしょう。管財人との面談では、財産状況のこと、免責に関すること等が質問されます。

なお、手続き上、開始決定が出ると名称が「申立人」から「破産者」となりますが、本書ではそのまま「申立人」と表現します。

3. 第1回債権者集会（同時に免責審尋期日）

中立人は、裁判所に行って、管財人の調査結果を聞きます。中立人代理人の弁護士も一緒に出席します。

財産がなく、財産調査の必要がない場合には、廃止となり、同時に免責審尋となります。必要がある場合には、債権者集会続行となります。

※ 債権者集会では、債権者から文句を言われる？

「債権者集会」というと、多くの債権者がやって来て、あれこれと文句を言われる状況を想像されるかも知れません。債権者集会は、その名のとおり、債権者のための集会であり、債権者は出席できるのですが、実際はほとんど来ませんので、心配しなくても大丈夫です。

免責審尋では、管財人から免責についての意見が述べられた後、裁判官から、免責に関する質問（ギャンブルの場合、なぜギャンブルに手を出したのか。今はやっていないか。これからは大丈夫か等）がなされます。**誠実に答えていけば大丈夫です。**

裁判所によって異なりますが、仙台地裁では、開始決定後に、「生活状況報告書」と「生活収支表」を記載して、裁判所に提出する必要があります。

これらの書類も免責許可決定の資料となりますので、きちんと作成し、提出しなければなりません。

※ 生活収支表

生活収支表は、破産申立準備のときに作成した家計収支表とほぼ同じものです。破産手続によって借金が消えても、収入に見合った支出をしていなければ、また借金に苦しむことになります。

「収入＞支出」という家計が維持できているか、それを見つめるためにも、生活収支表の作成は、重要な作業といえます。

できれば、破産手続が終わった後も、家計の収支を健全に保つために、作成することをお勧めいたします。

その後、裁判所から、晴れて**「免責許可決定書」**をもらうことができます。

■コラム■

免責審尋は、借金の卒業式

仙台地裁では、以前は、全ての事件について、免責審尋を行っていました。個別でやることもあれば、集団でやることもありました。集団審尋のやり方も、あっさりとやる場合もあれば、丁寧にされることもありました。

ところが、ここ最近は、免責審尋自体がないことが増えてきました（管財事件では、最後の債権者集会期日とあわせて、実施されます）。

申立代理人としては、裁判所に行く時間が省けて、正直なところ楽でいいのですが、審尋期日に申立人と一緒に同席していると、申立人にとって、裁判官と直接面会して「次はありませんよ。これからはくれぐれも気をつけてください」といったことを言われることは、身が引き締まりますし、これまでとこれからの区切りをつけるためのよい**「借金の卒業式」**ではないかと思う面もあります。

事件が無事終わったときに、私から、区切りをつけてもらうために、依頼者に「これからは収入と支出のバランスに気をつけて、収入だけで生活していけるように頑張ってくださいね」と言葉を添えるようにしています。

第6章

個人再生

1　個人再生とは

個人再生は、一定の収入がある人を対象にして、このままでは返済困難だけれども、借金を圧縮し、返済額を減額することで、返済を継続できるようにする法的手続きです。

2　個人再生のメリット・デメリット

(1) 個人再生のメリット

① 元金も圧縮できる（任意整理では、元金圧縮は困難）

個人再生では、元金も含めて、借金を大幅にカットできる可能性があります。

例えば、500万円の借金が、5分の1の100万円に圧縮されることもあります。

任意整理では、このような大幅減額はできないので、元金も含めた個人再生の大きなメリットです。

②マイホームを維持できる（破産では、維持できない）

個人再生では、一定の手続きを経ることによって、住宅ローンはこれまでどおり返済しつつ（そのため競売にかけられることはありません）、他の借金の支払いを停止し、圧縮することができます。その結果、マイホームを維持することができます。

「マイホームを何とか維持したい」そう願っている人については、個人再生によって、その願いを叶えることができます。

③持っている財産を換価する必要はない（破産と比べて）

生命保険、自動車、有価証券といった資産を持っている場合、破産であれば、換価して配当に回す必要がありますが、個人再生では、その必要はありません。ただし、持っている財産の価値分（清算価値）は、最低でも弁済しなければならないという基準になり、資産額が高いと、最低弁済額も上昇することになります。

④借金の原因が浪費やギャンブルの場合でも使いやすい（破産の免責不許可事由は問題にならない）

自己破産の場合、借金の原因が浪費やギャンブルの場合、免責不許可事由があるということで、簡単には、免責許可をもらうことができません。

ところが、個人再生の場合、全く返済しないというわけではなく、一部は返済しようとする手続きのため、浪費やギャンブルによる借り入れの場合でも、手続き上問題となりません。

⑤ 資格制限がない（破産では、資格制限がある）

個人再生の場合、資格制限がありません。自己破産の場合には、破産手続開始決定から免責許可決定確定までの間、生命保険外交員、警備員等の仕事ができないという資格制限がありますが、個人再生にはそのような制限がありません。

(2) 個人再生のデメリット

① 全ての債権者を対象にする必要がある（任意整理と比べて）

個人再生も自己破産と同じように法的手続きですから、一部の債権者を除いて手続きをすることはできません。

車が通勤に必要なので、車のローン会社は除外したい、連帯保証人がついている借金で、連帯保証人には迷惑をかけたくないので、そこは外したいといった希望がよくありますが、個人再生手続を選択する以上、それはできません。

②官報には名前が載る（任意整理と比べて）

自己破産と同じように個人再生でも官報には名前が掲載されます。ただ、官報を見る人はほとんどいないので、官報に名前が載るからといって、会社や友人に個人再生をしていることがわかってしまうということは、まずありません。

③全ての借金がカットできるわけではない（自己破産と比べて）

個人再生は、自己破産と異なり、全ての借金がカットされるわけではなく、一部カットにとどまります。

④ブラックリストには名前が載る（自己破産、任意整理と同じ）

個人再生の場合も、自己破産、任意整理と同じように、信用情報登録、いわゆるブラックリストに掲載され、しばらくお金を借りたり、クレジットカードを作ったりすることはできなくなります。

3　個人再生手続の流れ

個人再生も法的手続きですから、裁判所に、必要書類を提出する必要があります。申し立てまでは、破産とほぼ同じです。

依頼者ご本人がやることは、債権者一覧表の作成と書類の準備です。書類の準備は、自己破産より少し大変です。

破産と違って必要なのは、**一定額の積み立てが必要**なことです。

全く返済しない破産と異なり、個人再生は、返す方向の借金整理方法で、一定の返済能力が必要となってくるからです。

個人再生については、ストーリーを通して流れを見ていきましょう。

◆「個人再生物語」

(1) プロローグ

「もしもし。C信販の高橋ですが。望月さん、先月の支払いまだですよ。早くお支払いください。先月も遅れていたでしょ」ととげのある口調で電話の向こうの男がまくしたてた。

「も、申し訳ありません。今月予想外の出費があって手元にお金がなくって、すみませんが、もう少し待っていただけないでしょうか」

「はあ？　もう少しって、いつですか。この前も同じことを言っていたでしょ。とにかくさっさと支払ってくださいね。また電話しますから」

男から腹立たしげに電話を切られると、すぐ別の業者から電話がかかってきた。また督促だ。もう、電話に出たくない。着信で振動を続けるスマートフォンを眺めながら、望月三郎は、大きくため息をついた。

今月の支払いは、先月にもまして厳しい。期待していた残業代も今月はほぼなかった。どうしてこんなふうになってしまったのだろう。

念願だったマイホーム。しかし、あれこれと家具もそろえていくうちにお金もかさんでしまった。ローンを申し込んだとき、会社の業績は好調だった。自分の給料も少しずつではあったが、順調に上がっていった。これからも増えていくと思い、増えていくことを想定して住宅ローンを組んだ。

マイホームでの暮らしは、穏やかで幸せなものだった。しかし……。

５年前から、会社の業績が悪くなって、まず賞与が減らされ、ついに今年はなくなってしまった。上がると思っていた給料も据え置きのままだ。そして、残業代もほとんどつかなくなり、手取り額は減ってしまった。その後、長男賢太が生まれた。

毎月の住宅ローンは、変わらないまま、家族が増えると、いろいろと出費も増えてしまった。どうしても生活費が足らない。

こうして、生活費の不足を補うために、まずはＢカードから20万円を借り入れた。そのときは、これから会社の業績がよくなっていくだろうという根拠のない予想もあった。ところが……。

会社の業績は、ますます悪くなり、リストラも始めていた。私もいつその対象にされるかわからない。給料は下がり、他方で、生活費支出は増えていった。生活費が不足するだけではなく、借入金返済のために、私はＢカードのみならず、Ｃ信販から借り入れをした。生活費を稼ごうとＤ社から借り入れをしてパチンコをしたが、結局損をしてしまった。

会社の業績が悪くなると、職場の人間関係もギクシャクするようになった。私は、上司との関係がこじれ、また部下ともうまくいかず、夜にあまり眠れなくなった。朝、起きることができず、死んでしまいたいと思うようにもなってしまった。病院にいったところ、軽度のうつと診断を受け、会社を1カ月休職した。

休んでいる間も、生活費は出ていき、返済期限は迫ってくる。返済期限までに支払えず、請求が来てあわてて別の会社から借り入れをして返済をする。

いったい、今どれくらい借金があるのだろう。自分でもよくわからなくなってきた。このままではダメだ。借金がどんどん増えていく。

「自己破産？」そんな言葉が頭をよぎった。それだけは嫌だ、マイホームは何とか維持したい。どうすればいいのだろう。思い切って弁護士に相談してみよう。望月は、ネットで弁護士を検索し、感じのよさそうで、自宅から近い法律事務所に電話をかけ法律相談を予約した。

(2) 弁護士相談

「はじめまして。弁護士の神坂です。

望月さんは、借金で困っているというご相談でしたね。すみませんが、簡単に現在の状

	約束返済額	残　額	使い途
A 銀行	80,000	2500 万	住宅ローン
B カード	15,000	60 万	生活費
C 信販	8,000	51 万	生活費
D 社	7,000	30 万	パチンコ
E 銀行	25,000	123 万	生活費・返済
F 社	20,000	81 万	生活費・返済
G 信用金庫	35,000	154 万	車ローン
住宅ローンのぞく　計	110,000	499 万	

況を確認させてください」そう前置きをして、弁護士はテンポよく次々と質問をしてきた。

「まず、どこからいくら借りているかの確認です。借りているところはどこからで、今いくら残っていますか」

「えっと、住宅ローンでＡ銀行の２５００万、Ｂカード60万、Ｃ信販51万、消費者金融のＤ社30万、Ｅ銀行１２３万円、Ｆ社81万円、車のローンでＧ信用金庫１５４万円です」

「債権者一覧表」という用紙の債権者名の欄に、神坂弁護士は、次々と書き込んでいった。

「では、それぞれ、毎月の約束返済額はいくらでしょう」

「住宅ローンが、月８万円、Ｂカードが１万５０００円、Ｃ信販が８０００円、Ｄ社が７０００円、Ｅ銀行は２万５０００円、Ｆ社２万円、車のローンＧ信用金庫は３万５０００円です」

「そうしますと、住宅ローンを除いた総額は約500万円、住宅ローンを除いた毎月の約束返済額は、11万円ということになりますね」と神坂は電卓を叩いた。

その後、使い道や保証人がいるかどうかを確認して、書き込んでいった。

「どうして借金は増えてしまったのですか？」

「5年ほど前に会社の業績が悪くなって給料が減少し、ボーナスや残業代もほとんどつかなくなりました。それで、生活費が足らなくなって、借り入れをしました。また恥ずかしながら、生活費を稼ごうとD社から借り入れたお金でパチンコをしましたが、結果的に損をして、さらに借金を増やしてしまいました」

「では、次に生活状況について確認させてください。

まず月の手取り収入はいくらくらいですか？」

「月25万円くらいです」

「ボーナスはありますか？」「ありません」

「奥様にも収入がありますか」「はい。パートで月7万円くらいの収入があります」

「お子さんは？」「5歳の男の子です」

「児童手当は？」「2カ月で4万円です」

「そうしますと月2万円になりますから、世帯全体で、34万円の収入があるということになりますね」

「次に支出ですが、住宅ローンは、月８万円ということでしたね」「はい」

「食費、光熱費、保険料、教育費……」

弁護士は「家計収支表」に書き込んでいった。

「生活費の支出を見てみますと、月31万円くらいになりそうです。そうしますと34万円−31万円＝３万円は返済に回せそうですか？」

「はい。何とか」

「次に資産ですが、ご自宅の他に何かありますか？」

「生命保険は？」

「あります」

「では、解約返戻金、今、仮に解約したらどれくらい戻ってきそうですか？」

「10万円くらいだと思います」

「退職金は？」

「ありません」

「ご自宅の査定、今、仮に売りに出せばどれくらいになるか、ご存じですか？」

「正確にはわかりませんが、２３００万円くらいでは売れると思います」

「ありがとうございます。望月さんの現在の状況はおおむねわかりました。

現在、借金の返済に困っているということですが、現状の月11万円の返済は苦しいということですね？」

「はい。月３万円くらいなら、何とかなるのですが。住宅は何とか残しておきたいので、自己破産ではなく、任意整理を希望しています」

「そうですか。任意整理ということですと、借金総額が約５００万円もあり、それを60回で割っても、月約8万３０００円ですから、月３万円の分割では任意整理は難しそうです。

「え、そうですか。任意整理は難しいのですね。でもどうしても家は手放したくないので、自己破産は避けたいのです」

「任意整理がダメでも、すぐに破産ということにはなりませんよ。『個人再生』という方法でも、住宅を維持し続けることができます」

「え？　個人再生って何ですか？」

「説明しましょう。個人再生は、支払いが困難になったときに、法的手続きによって、元金を圧縮し、圧縮したものを3年ないし5年で返済するというものです。５００万円の借金でも１００万円、月々３万円の返済にすることができる場合もあります。望月さんの場合、４９９万円ですから、持っている資産の価値が１００万円以下ならば、１００万円とすることができます」

※個人再生の「最低弁済額」

個人再生手続は、元金も含めて借金を圧縮することができることに、大きなメリットがありますが、圧縮できる金額、逆にいうと最低でも返済しなければいけない金額は、3つの指標によって決められていきます。

①100万円（100万円以下の借入額の場合はその全額）
②債務額の5分の1（500万円を超え1500万円以下の場合）
③保有資産の清算価値

この3つの金額で、一番高い金額が、「最低弁済額」となります。

例えば、債務額600万円で、清算価値が200万円という場合には

①100万円
②債務額の5分の1は　600万円÷5＝120万円
③保有資産の清算価値　200万円

ですから、一番高い200万円が、最低弁済額となります。もし、清算価値が、600万

円より高ければ、再生をしても債務総額は減らないということになって、再生をやる意味がありません。清算価値とは、自分の財産を処分した場合に得られる金額のことです。

清算価値を基準としたのは、「持っている資産分くらいは返済しなさいよ」「破産した場合の配当よりは返済しなさいよ」という法律の要請があるからです。

ただ、この清算価値が、ネックとなって、再生ができないという人もいます。よくあるのが、住宅を持っている場合です。住宅については、「住宅の査定額 ー《マイナス》 残っている住宅ローン額」が清算価値となります。

オーバーローンや査定額と残ローン額があまり変わらない場合にはいいのですが、頭金を入れていたり、繰り上げ返済をしていたりする場合には、「査定額 ー 残ローン額」の金額が、かなり高くなってしまって、清算価値＝最低弁済額を引き上げることもよくあるのです。

例えば、自宅不動産の査定額が２５００万円で、残ローン額が２０００万円あれば、５００万円の清算価値があるということになり、他に財産がなくても最低５００万円は返済しなければならないということになります。

そこで、現在の不動産の査定額はどれくらいなのか、残ローン額はいくらなのかが、問題になってくるのですね。

この査定額は、固定資産評価額ではなく、不動産業者に査定してもらった金額です。残ローン額は、これまで返済計画にそって行われていたのであれば、ローン返済計画表を確認すればわかるでしょう。

自宅不動産の他に、清算価値でよく問題になるのは、生命保険解約返戻金、退職金等です。積み立て型の生命保険で、長くこつこつ保険料を払っていると、結構な金額になっている場合もあります。自分では保険を掛けていないつもりでも、親が自分名義で掛けてくれていることもあります。

また退職金見込み額も、清算価値に入れるのは、退職がまだ先の場合には、見込み額の８分の１とされていますが、８００万円以上の退職金額となると、８分の１としても１００万円になるため、最低弁済額を押し上げる原因になることもあります。近々退職が見込まれる場合には、４分の１になる場合もあります。

なお、確定給付企業年金、確定拠出年金、厚生年金基金については、清算価値に入れる必要はありません。

個人再生手続の大きな特徴は、住宅ローンについては、これまでどおりの支払いを続けて、住宅を維持することができるという点です。破産の場合には、住宅ローンの支払いも停止し、自宅は手放さなくてはなりません。

任意整理でも、住宅ローン債権については、支払いを続けて、他の債権について分割返済和解をしていくことで、自宅を維持することが可能ではありますが、任意整理では、元金の圧縮ができないので、月々の返済額がどうしても高くなって、返済できないことも多いのです。

※「小規模個人再生」と「給与所得者等再生」

「個人再生には、『小規模個人再生手続』と『給与所得者等再生手続』の2つがありますが、弁護士に依頼する際には、あまり気にする必要はありません。

給与所得者だからといって、給与所得者等再生手続をやらなければならないわけではなく、小規模個人再生手続ができますし、裁判所の統計上も、ほとんどが小規模個人再生手続です。

ちなみに望月さんの場合も、小規模個人再生手続でやっていきます。

給与所得者等再生手続の場合、債権者の反対意見があっても減額できる反面、最低弁済額の条件に『可処分所得の2年分』が加わります。実際のところ、小規模個人再生手続で、債権者が反対意見を出すことはめったにありません。

給与所得者等再生手続を選択する場合は、大口債権者の中で、再生について反対意見を出しそうな債権者がいるような場合に限定されています。

なお、給与所得者等再生手続が利用できるのは、小規模個人再生手続ができる人のうち『給与またはこれに類する定期的な収入を得る見込みがある者で、かつ、その額の変動の幅が小さいと見込まれる場合』とされています。

望月さんのケースでも、任意整理をした場合、月８万円以上となる可能性が高く、月３万円の返済にすることは、難しいという状況ですから、任意整理では困難で、『個人再生』が使えないかを検討するという流れになるのです」

「そうなのですね。では、個人再生でやってみたいと思います」

「まあまあ、そう慌てずに。個人再生は、元金をカットし、住宅を維持できるありがたい手続きですが、そのようなメリットがある反面、デメリットもありますので、その説明を聞いてから判断してください」

「デメリット？　個人再生にはどのようなデメリットがあるのでしょうか？」

「説明しましょう」

※個人再生のデメリット

・全ての債権者を対象としなければならない

「個人再生は、破産と同じ法的手続きですから、任意整理と異なって全ての債権者を対象にしなければなりません。『総債権者間の平等』という要請が出てくるので、特定の債権者を除外することはできません。

よくあるのが、保証人には迷惑をかけたくないから保証人がついている借入先については外したい、車を引き揚げられたくないから、車のローン債権については、外したいという要望ですが、それはできないのです。

任意整理であれば、個別の和解交渉ですから、一部の債権者を除外することは好ましいかはさておき、できないことはありません。これに対して、法的手続きである個人再生では、一部債権者を特別扱いすることはやってはいけないのです。

そのため、保証人がついている債権であっても、車のローンであっても対象としなければなりません。その結果、やはり保証人には請求が行くことになりますし、車は引き揚げられるということになります。

望月さんの場合、車のローンでＧ信用金庫に１５４万円の返済義務がありますが、Ｇ信用金庫宛てに、弁護士から受任通知、すなわち『これから弁護士が代理人となって個人再生手続を進めます』という通知書を送ると、Ｇ信用金庫としては、少しでも債権を回収しようと、車を引き揚げようとするでしょう。ですから、車は引き揚げられる、持っていられないというデメリットがあることになります」

「そうですか。車は引き揚げられてしまうのですね。でも仕方がないですね」

「もっとも、車の価値がない場合、車のローンが残っていても債権者が引き揚げをしないこともあります。引き揚げる目的は、車をオークションにかけて売却し、少しでも債権回収を図るためです。引き揚げにもコストがかかりますから、売れない車を引き揚げても、費用倒れとなり、債権回収になりませんので、そのままにしておくのです。

ちなみに、望月さんの車、査定したらどれくらいになるでしょうか」

「20万円くらいでしょうか」

「そうだとすると、引き揚げにはなるかもしれませんね。

もっとも、家計を同一にしないご親族、例えば別居している親に、車の残ローンを支払ってもらえば、車のローン会社は、債権者ではなくなるので、引き揚げられずに済みます。その際には、清算価値として組み入れられることを防ぐために、残ローンと車の価値が釣り合っている状況であれば、車の名義をローンの支払いをした親族の名義に変えておくとよいでしょう」

・家族に内緒ではやりづらい。家族の協力が必要

「任意整理の場合、弁護士が債権者と個別に交渉していくので、『弁護士にお任せ』という感じで、依頼者の方で、何か書類を書いたり、集めたりする必要はありません。

これに対し、個人再生は、法的手続きですから、裁判所にさまざまな書類を提出する必要があります。その中では、配偶者の給与明細書や預金通帳等が必要になります。また『家計収支表』を作成するのですが、再生を可能にするためには、支出を抑える等の協力を配偶者にしてもらう場合もあるでしょう。

そのために、家族に内緒では難しいのです。そこは大丈夫でしょうか？」

「はい。それは大丈夫です。妻に、借金のことは正直に話して、住宅を維持するために、弁護士さんに相談しに行くといって、今日ここに来ていますから」

・官報に名前が載る

個人再生は、任意整理と異なって官報に名前が掲載されます。もっとも官報を見る人はめったにいませんから、それで周囲に個人再生をしていることが知られる可能性はほぼありません。

・費用がそれなりにかかる

個人再生は、形式的には、弁護士に依頼しなくてもできる手続きですが、個人再生は、自己破産よりも複雑で難しい面もあり、本人だけでは、再生計画認可を得られない可能性もありますので、弁護士に依頼した方がよい手続きです。

弁護士に依頼すれば、当然のことながら弁護士費用がかかります。私の事務所の場合、税込み38万５０００円です。

ちなみに、弁護士費用は、事務所によって違いますが、30万円から60万円程度です。

住宅ローンがあり、住宅を維持したい場合（住宅資金特別条項を利用する場合）には、費用が高めになっている事務所もあります。

また弁護士費用の他に、裁判所に納める費用がかかります。個人再生委員がつかない場合には、約２万４０００円ですが、個人再生委員が必要とされると、これに加えて20万円程度必要になることもあります」

個人再生委員の仕事は、申立書を精査したり、申立人と面接をしたりして、申立人の財産や収入の状況の調査を行い、再生手続開始決定についての意見書を作成することや、再生開始決定後には、再生債務者が適正な再生計画案を作成するための必要な勧告を行います。

「あ、結構かかるのですね……。すぐには一括で準備できないのですが」

「そうですよね。お金に困っていて手続きをやろうとしているのですからね。一括で準備しなければ受任しないという事務所もあるかもしれませんが、多くの弁護士が、分割払いでも大丈夫だと思います。

　私の場合、毎月積み立てを行ってもらいます。個人再生の場合、再生手続開始決定が出ると、裁判所から『月○○円を積み立ててください』と積み立て勧告が出るのですが、その前に、私の方で、『本当に返済ができるかどうか』を確認する意味も込めて、一定額の積み立てをしてもらっています。決められた積み立てができるようであれば、『よし、再生でいけそう』と私も自信を持って、裁判所に再生申立をすることができます。

　そして、弁護士費用を一括でご準備できない方の場合には、この積立金が同時に弁護士費用に充てられる、分割払いにもなるということにしています。

　望月さんの場合、月３万円なら返済に回せるということですから、私に依頼していただく場合には、毎月３万円を私の預かり金口座へ積み立ててもらうことになります。そして、弁護士費用に充当していき、弁護士費用を完済した後は預り金として、最後に返金いたします。

　ですから、望月さんがやることとしては、毎月３万円を、継続して積み立てていただくことになります。

いかがでしょうか。このようなデメリットも踏まえて、個人再生をやってみますか。私も多くの再生事件をやってきて、望月さんのように、安定収入があり、住宅を維持したいという場合、またギャンブルが借金の原因にもなっている場合、任意整理では月々の返済が困難な場合には、個人再生がよろしいかと思います。

自己破産の場合、ギャンブルが借金の原因になっていると、その程度にもよりますが、『免責不許可事由』に当たって、免責が認められない可能性もありますし、認められるとしても免責を認めてよいかどうか慎重な調査が必要だとして、管財事件となります。管財事件になれば、裁判所に納める予納金が10万円や20万円高くなります。

それに比べて、個人再生の場合には、元金はカットしても、一部は返済する方向の手続きですから、借り入れ原因が、ギャンブルや浪費でも、問題にされません。

望月さんの場合、パチンコといったギャンブルが借金の原因にもなっていることから、この点でも、再生向きといえそうです」

「そうですか。では、個人再生をやってみたいと思います。どうぞよろしくお願いいたします」

「わかりました。ご依頼いただき、ありがとうございます。では、契約書を作り、注意事項を説明いたしますね」

神坂弁護士は、これからの手続きの大まかな流れについて説明をした。

「まずは、望月さんに債権者一覧表を作成していただきます。その債権者一覧表を基に、弁護士が各債権者に、受任通知発送をして債権調査を行います。

望月さんには、毎月の積み立てを開始していただきます。これから、裁判所に提出する書類の説明を行いますので、次の打ち合わせのときまでに準備してください。

そして、私との打ち合わせによって、裁判所に出せる書類を仕上げていきます。

書類がそろったら、裁判所へ申し立てを行います。

裁判所で、申立書類をチェックして、補正依頼が来ます。

その補正依頼に対して、補正を行います。

こうして、書類審査を経て、再生手続を開始してもよいと裁判所が判断すれば、晴れて**再生手続開始決定**が出ます。この開始決定が出れば、大きな山は越えたとみていいでしょう。

開始決定までには、書類の準備状況、積み立ての状況によりますが、順調にいけば、弁護士に依頼してから4カ月程度です。

その後、財産状況等報告書、届出再生債権一覧表作成、再生計画案を作成し提出しますが、主に弁護士がやるところです。

再生計画案を裁判所に提出後、債権者の意見を聴く期間を経た後に、特に異議が出なければ、**再生計画認可決定**が出ます。

そして、再生計画認可決定が確定した後、私から、これからの返済予定について説明をしますので、望月さんには再生計画に従って返済をスタートしていただく予定です。

再生手続開始決定が出てから、再生計画に従って返済がスタートするまでは、６カ月程度です」

⑶ 申立書類の説明

「次の打ち合わせの日を、３カ月先の12月５日の午前10時にしたいと思いますがいかがでしょうか」

「大丈夫です」

「では、その日に、これからお話しする書類を準備してきてください。書類の『鮮度』が要求されるものもありますので、打ち合わせの２週間くらい前から、一気に準備していただいた方がよいかと思います。

裁判所が作成したこのリストにそって説明しますね」

・戸籍謄本【役所】

申し立て前3カ月以内のものですから、次の打ち合わせが近くなってから役所で取り寄せてください。抄本ではなく、謄本です。原本が必要です。

・住民票【役所】

やはり申し立て前3カ月以内のものです。世帯全員でマイナンバーを除いて省略のないものです。

・居住を証明する書類

賃貸借契約書や住宅使用許可証です。親族所有の建物に住んでいる場合には、その親族の方の土地建物の全部事項証明書が必要となります。

望月さんの場合は、ご自宅ですので、この書類は不要です。

・源泉徴収票（直近2年分）

望月さんは、給料をもらっているので必要となります。

・課税証明書（直近2年分）【役所】

課税証明書直近2年分が必要です。原本になります。

・給与明細書（直近2カ月分）

給与明細書直近2カ月分が必要です。

次の打ち合わせが、12月5日なので、10月、11月分の給与明細書をお持ちください。

また、奥様もパート収入があるとのことでしたので、奥様の2カ月分の給与明細書もお願いいたします。

・公的給付

年金や児童手当等の公的給付を受けている場合には、それを証する書類、受給額がわかる書類が必要となります。望月さんは、児童手当を受けていらっしゃるということですので、児童手当受給者証と「児童手当〇〇円を送金しましたよ」という書類が郵送で来ているかと思いますが、それをお持ちになってください。

・債務名義（判決、支払督促、調停調書、公正証書写し等）

判決書等何か裁判所から来た書類がありましたか？　もし、そういった書類があれば、それを提出する必要がありますが、なければ大丈夫です。

判決書や和解調書があれば、債権者は、給料等の財産に対して強制執行をすることができる立場にあります。再生手続開始決定が出れば、強制執行を止められるのですが、それまでは止められないので、申し立ては頑張って早めにした方がよいことになります。

・預金通帳、金融機関取引明細書

申し立て前2週間以内に記帳した通帳の写しが必要です。申し立ての準備に時間がかかりますので、事務所に来る日に記帳してきてください。直近1年間の履歴がわかる通帳を出す必要があります。もし前の通帳を処分したとか、途中カードだけで出し入れをしていて一括記帳（おまとめ記帳）となっている場合には、わからない部分の取引明細書を、銀行に頼んで出してもらう必要があります。

・積立額証明書

何か、積立金、出資金とかありますか。給料から天引きされて積み立てされている場合もあります。あれば、積立額証明書を提出する必要があります。

・退職金見込額証明書か退職金支給規程と計算書

退職金があって、５年以上働いている人には、退職金見込額証明書が必要です。会社に、今仮に退職したら、これくらい退職金があるという証明書を発行してもらってください。もし、会社に退職金見込額証明書を出してもらえない、会社に言いづらいということでしたら、退職金支給規程と自分の勤務年数や給料から、今仮に退職したら、計算上はこれくらいになると、計算式と退職金の具体的な見込み金額が出せるなら、それでも構いません。

・車検証

車をお持ちの場合、車検証の写しが必要です。所有名義が、ディーラーや信販会社となっている場合にも必要です。

購入してから５年以内又は新車価格が３００万円以上の国産車は、車の査定書も必要になります。外車の場合には、常に必要です。

望月さんの場合、車はありますが、ローン債権者に引き揚げられた場合には、査定書は特に必要はありませんが、車検証の写しはご持参ください。

・保険証券、共済証券

保険に加入している場合、その保険証券が必要となります。生命保険だけではなく、自動車保険、火災保険等の損害保険もあれば、証券が必要です。全労済や県民共済、生協の共済に加入している場合、共済証券も必要です。

・保険解約返戻金（見込額）証明書

保険がある場合、現在仮に解約したとしたら、解約返戻金がいくらなのかがわかる書類、解約返戻金証明書が必要になります。保険会社に言って出してもらってください。解約返戻金がない場合でも、「ない」という証明書が必要になります。もっとも、保険証券や約款書類に、「解約返戻金はありません」「解約返戻金は1年後○○円、2年後○○円……」と記載している場合には、それで大丈夫です。

月払いの自動車保険については、解約返戻金の証明書は不要です。

・有価証券

株券やゴルフ会員権といった有価証券があれば、その証券を持ってきてください。

・高価品

取得価格が20万円以上の高価品、例えば高級時計や宝石、ブランドバッグ等があれば、業者が査定した書類を提出する必要があります。

望月さんの場合、住宅ローンがあるので、次の住宅に関する書類が必要となります。

※住宅に関する書類

・不動産登記事項証明書【法務局】

土地、建物のそれぞれの不動産登記事項証明書が必要となります。これは法務局で取ります。申し立て前3カ月以内のもので、抵当権設定登記がある場合には、共同担保目録付きのものになります。望月さんの場合も、土地建物に抵当権が設定されているでしょうから、共同担保目録付きのものとなります。

・固定資産評価証明書【役所】

これは、役所で取ります。戸籍謄本や住民票とあわせて、取ってきてください。

・住宅ローンの金銭消費貸借契約書

銀行から住宅資金を借り入れたときに取り交わした契約書です。

・償還表（ローン返済計画書）

返済条件の変更がある場合には、その変更契約書と償還表が必要になります。

・保証委託契約書

信用保証会社に保証人になってもらっている場合には、保証委託契約書があるはずです。この書類が必要となります。

・不動産業者の査定書

不動産業者の査定書が必要となります。これは私の方で不動産業者に頼んで取り寄せます。

※書く書類

次に書く書類について説明しましょう。

・財産目録詳細説明書

プラスの財産で何があるかを確認するための書類です。清算価値、すなわち最低弁済額に影響を与えるところです。

それぞれの項目について、対応する書類を見ながら記載していってください。

例えば、預金については預金通帳を、保険については保険証券と解約返戻金証明書を、自動車については車検証を、不動産については登記事項証明書と査定書です。

・陳述書

書く書類の中で、一番ボリュームのある書類です。質問に答えて記入していってください。大変ではありますが、大事な書類なので、頑張ってできるかぎり埋めていっていただければと思います。

基本的には、質問に対して素直に答えていけば大丈夫です。わからないところは、次回の打ち合わせで、裁判所に出せるものに仕上げていきますから、空欄のままでも結構です。

・家計収支表と裏付け書類

再生でいけるかどうかを見極める重要書類になります。2カ月分の収入と支出のバランスシートです。

家計収支表の金額には、原則裏付け書類が必要です。通帳に入金、出金について記載があればそれでOKです。奥様の通帳も確認して記入をしてください。通帳にない場合には、振込証や領収書といった裏付け書類が必要となります。

これからの支出ですので、今後の領収書等は全て取っておいて、それを見ながら、家計収支表の金額を記載するとともに、領収書等を10月セット、11月セットと袋に入れて、次の打ち合わせのときにご持参ください。

「申立人の返済分」「申立人の約束返済分」については、こちらで記入します。


家計収支表作成で、注意したいのは、収入と支出のバランスです。

まず、収入が返済を除いた生活費支出より高いこと「収入＞生活費支出」の形になることが必要です。

もし、「収入＜生活費支出」となっている場合には、「返済に回せるお金が全くないのに、再生は無理でしょ」ということになってしまいます。

そして、さらに、収入から生活費を引いた金額が、再生によって返済予定の金額より高いことが必要です。望月さんの場合には、3万円となります。

収入 ―《マイナス》 生活費＞再生返済予定額（3万円）ということです。

余りが、3万円より少ないと「返済できないのでは」と見られてしまいます。現状で、収入から生活費を引いて3万円の余剰が出ないようであれば、生活を見直して、現状より支出を少なくする必要があります。

家計収支表の支出金額を書いてみると、「外食費は減らせそうだ」などと一定の項目については減らすことができると気付くものです。なお、収入を増やすということも理屈では考えられて、できればそれが望ましいのですが、現実にはなかなか難しいでしょう。支出を減らすことについては、奥様の協力があるとやりやすくなります。

なお、収入から生活費を引いた額が、現在の約束返済額よりも大きい場合には「あなた、再生しなくても返せるでしょ」となって、再生ができなくなります。

再生の場合には、

生活費支出＋約束返済額＞収入 ＞生活費支出＋再生による返済予定額

という形が必要になるのです。破産と違って、全く支払いができないわけではないけれど、借金を圧縮すれば、返済は可能ということ、ストライクゾーンを抜く必要があるのですね。

望月さんの場合、世帯月収入が34万円
　生活費支出が31万円
　余りの返済可能額が3万円
　約束返済額が、11万円

ですから、現状の家計収支を踏まえると、再生でいけそうだということになるのです。ただ、あくまで現状ですから、来月、再来月という将来の家計もゾーンに入るようにコントロールしてください。

住宅ローンを支払っている場合、申し立てをする前に、住宅ローン債権者に、月々の支払いを少なくしてくれませんかと相談してみるのもいいでしょう。住宅ローン債権者が、応じてくれたなら、月々の支出額を抑えることができます。

「以上の書類を集めたり、作成したりして、次回の打ち合わせのときにご持参ください」そう言いながら、神坂弁護士は、チェックした必要書類一覧表と書く書類一式を望月に渡した。

(4) 提出書類の打ち合わせ

「こんにちは。お願いしていた書類はお持ちいただけたでしょうか」

「はい。いくつか不安なものがありますが」

「大丈夫です。チェックリストにそって確認していきましょう」

弁護士は、提出書類についてそろっているか確認していった。

※陳述書の書き方、見本（巻末資料参照）

「陳述書は、書いてこられましたか？」

「すみません、どう書けばいいのかわからなくて、ほとんど書けませんでした」

と望月は、バツが悪そうに陳述書を封筒から取り出した。

「どれどれ」と、神坂弁護士は陳述書を受け取り、ページをめくった。

「そうですね。もう少し頑張って埋めていただければというところですが、後は、この打ち合わせで仕上げていきましょう」

【第1　職業、収入の額及び内容等】について

1．職業について

「現在のお仕事についたのは、いつ頃でしょうか。平成21年4月ですね」

「地位、仕事の内容は、係長で、営業と」

「勤務先は、田代建設株式会社と」

2. 収入について

「望月さんは、事業収入はありませんよね。であれば⑴事業収入の欄は記載する必要がありません。⑵の給与収入の欄を記入していきます。

　月の手取額、最近1年間に受け取った賞与額と時期、児童手当をもらっているということでしたから、児童手当にチェックを入れて、月当たりの金額を記入します」

3. 過去の職業、収入

「過去2年分の年収額は、源泉徴収票の額面額を記入します。

過去2年間に、就業先の変更などの理由によって、年収の額がそれまでの額と比べて5分の1以上の変動があれば、『□ある』にチェックして事情を書きますが、望月さんは、源泉徴収票の額面額を見ると変動はありませんので、『□ない』にチェックするだけで大丈夫です」

【第2　生活の状況】について

1. 家族関係は、望月さんの場合は、奥様とお子さんのお名前、生年月日、職業、月収、同居の有無等を記入していきます。

2．住居の状況は、望月さんの場合は、持ち家ですから「□申立人所有の家屋」にチェックを入れます。
3．家計の状況
ここは、家計収支表を参照しながら、記入していくのですが、望月さんの場合、奥様のパート収入、児童手当もありますので、それも加味しながら、月の平均収入を出していきます。

【第3　財産の状況】について

1．別添の「財産目録」を引用します。
2．過去2年間に、不動産の贈与や売却をしたり、生命保険等の名義変更や解約をしたり、その他自動車等の自分の財産を処分したことはありますか？
あれば、処分した財産の種類や内容、処分の時期、相手方、売却価格、得たお金の使い道を記入します。

「昨年の3月ころ、生命保険を解約しました」

「そうしますと、処分した財産の種類に『生命保険』と記入し、解約の時期、解約返戻金の額、その使い道を記入します」

【第４　負債】について

１　負債の状況

「負債の状況は、私が債権調査をして作成したこの『債権者一覧表』記載のとおりで間違いないでしょうか」

「はい、間違いありません」

２　公租公課

「現在、納付すべき税金、社会保険料、罰金や反則金、刑事訴訟費用、過料等の滞納をしていますか？　滞納というのは、支払うべき時期に来ているにもかかわらず、支払いをしていないということです。あれば、滞納している税金等の種類、納付すべき金額、納付時期について記入する必要があります」

「ありません」

「そうですか。よかったです。望月さんは、滞納がないということなので、『□ない』にチェックを入れるだけで大丈夫です。

　ちなみに、個人再生をやる上で、滞納している税金等があると『税金も滞納しているのに、再生大丈夫なの？』という目で裁判所に見られますから、できれば、申し立てをする前に、滞納はなくしてしまいたいところです。

もし、滞納金額が大きい、完納が難しい場合には、分納でもいいことを、納税先と合意し、それを将来の支出に組み込んだ上で、『再生後の返済予定額』が確保できることを、裁判所にアピールしなければなりません」

3　再生手続開始の申立てをするに至った事情

借金が増えてしまった事情を、簡潔に記載します。①から⑧の中から当てはまるもの、複数の原因がある場合にはその全てを選んで、□にチェックを入れます。

そして、☑チェックを入れた項目ごとに、具体的かつ簡潔に記載します。

望月さんの場合、①収入の減少、⑦ギャンブルが当たるでしょう。

①につき、平成28年3月ころより勤務先の業績不振によって、収入が減少し、生活費不足のため借り入れを行いました。

⑦につき、平成30年3月ころより、収入を増やせないかとパチンコをしてしまいましたが、結局、損をして借り入れを増やしてしまいました。

個人再生の場合、借金が増えてしまった原因については、このように簡潔に書けば大丈夫です。

4　債権者との訴訟等の状況

債権者から訴訟を起こされていなければ「□ない」にチェックを入れれば大丈夫です。

【第5　過去の免責等に関する状況】について

望月さんの場合、いずれも該当する箇所はありませんので、「□ない」にチェックをすれば大丈夫です。なお、過去に自己破産や個人再生をしていても、個人再生手続を行うことは可能です。

※財産目録

財産目録は、プラスの財産につき、何を持っているかを確認するための書類です。最低弁済額の一要素となる清算価値に関係します。

それぞれの項目につき、財産がある場合には、関係の書類を見ながら、記入していきます。

「現金」　お財布の中、家にある現金はいくらでしょう。

「預金、貯金」　預金通帳を見ながら、記載していきます。

「退職金制度」　望月さんがお勤めの会社には、退職金制度はありませんから「□ない」にチェックを入れます。

「保険（生命保険、損害保険、火災保険等）」

望月さんは、○○生命の生命保険、○○損保の自動車保険、○○共済に加入しているとのことですから、各保険証券を見ながら、保険会社名、保険の種類、証券番号を記入します。

解約返戻金の額については、○○生命については、解約返戻金見込額証明書の金額12万円を記入します。自動車保険は、月払いで、○○共済は、返戻金がないと証券に記載がありますので、「0円」と記載します。

「自動車、二輪車等」

自動車は、引き揚げられたということですから、「□なし」で大丈夫です。

「不動産（土地、建物、マンション）」

望月さんは、自宅不動産である土地、建物を所有していますから「□あり」にチェックを入れて、不動産登記事項証明書を見ながら所在や名義を、不動産査定書を見ながら評価額を、償還表を見ながら被担保債権残額を記入していきます。別紙不動産目録も記入していきます。

「貸付金」「積立金」「電話加入権」「敷金」「過払金」「その他の財産」については、望月さんは、ないということなので「□なし」にチェックを入れておきます。

こうして、書類の確認がなされていった。

いくつかの書類が足らなかったため、その書類がリストアップされた。

「望月さん、よくそろえていただきましたが、あと○○と○○が必要です。完璧とまではいきませんでしたが、まずまずよくそろえていただいた方だと思いますよ。これくらいでしたら郵送で大丈夫です。不足書類をこの返信用封筒に入れて、うちの事務所まで郵送してください」

※弁護士が作成する書類

次の書類は、弁護士に依頼している場合には、弁護士が作成する書類ですので、弁護士にお任せしていけばいいのですが、参考までに、弁護士がどのような書類を作成しているのか、お話ししましょう。

・再生手続開始申立書

裁判所に対し、申立人について，個人再生による再生手続を開始するように求める書類です。

・**債権者一覧表**

債務者が作成した債権者一覧表、債権調査の結果を踏まえて、再生申立用の「債権者一覧表」を作成します。

・**清算価値算出シート**

最低弁済額の一要素となる清算価値の総額を明らかにする書類です。財産目録記載のプラスの財産を前提に記入していきます。

・**可処分所得額算出シート**

給与所得者等再生手続においては、「2年間当たりの可処分所得額」が、最低弁済額の基準になりますので、それを算出するための書類です。小規模個人再生手続の場合には、「2年間あたりの可処分所得額」は、最低弁済額の基準とはなりませんが、再生計画案の弁済ができるかを検討する材料として、小規模個人再生の場合も提出が必要です。

・**弁済予定額及び履行可能性に関する報告書**

再生債権の総額、清算価値算出シートにより算出した額、給与所得者等再生手続の場合には、さらに可処分所得額算出シートにより算出した額を踏まえて、最低弁済額＝弁済予定額を算出し、それを36回～60回（3年～5年）で分割して、支払金額と、その返済予定額につき、返済が可能である旨説明した書類です。返済が可能であることは、可処分所得額算出シートで出された1年間当たりの可処分所得額あるいは家計収支表の収支状況から見て説明します。

※住宅資金特別条項を利用する場合に、作成する書類です。

・住宅資金特別条項に関する報告書

現時点における住宅ローンの約定返済額、返済状況について報告する書類です。

・弁済許可申立書

裁判所に対して、住宅ローンの返済許可を求める書類です。

こうして不足書類もそろい、仙台地方裁判所破産再生係に、個人再生の申し立てを行った。

1週間後、裁判所から**「補正依頼書」**のファックスが届いた。

神坂が望月から聴いてわかっている事情や作成できる書類は、神坂の方で準備をしたが、いくつかの補正依頼については、望月本人に聴いてみなければわからない事柄であった。

「弁護士の神坂です。裁判所に個人再生申立をしたところ、裁判所から補正依頼が来ました。通帳の『サトウアキラ』からの5万円入金記載について説明が欲しい、また保険の書類を出してほしいとのことです。私の方で答えられる項目や準備できる書類はこちらでやりますが、『サトウアキラ』の点については、わかりませんので、教えていただけますか。また保険の書類を送ってください」

「はい。サトウアキラというのは義父のことです。生活が苦しくて5万円援助してもらいました。書類については、郵送で送ります」

「ありがとうございます。よろしくお願いいたします」

こうして補正依頼に対する補正書を裁判所に提出した。

※ 債務者審尋

裁判所によっては、再生手続開始決定を出すかどうかの検討のために、再生債務者の審尋（裁判官面接）が行われているところもあります。

その後、裁判所から、再生手続開始決定がなされた。

⑸再生手続開始決定の後の手続き（債務者本人がやること・弁護士がやること）

1．個人再生委員との面接（債務者本人がやること）

裁判所によっては、個人再生委員が選任され、再生手続開始決定後に、個人再生委員との面接が必要なところもあります。

2．財産状況等報告書の提出（弁護士の仕事、ただし本人は通帳写し提出あり）

再生手続に至った事情、業務及び財産に関する経過、現状についての報告書を裁判所指定の期日までに提出します。

報告書は弁護士が作成しますが、現状の財産報告のために、債務者本人としては記帳の上、預金通帳の写しを取って、弁護士に送る必要があります。

3．届出再生債権一覧表の提出（弁護士の仕事）

債権届け出があった債権について金額等を修正した債権者一覧表です。弁護士が作成・提出します。届け出があった債権の債権額が、債務者本人が申告していた債権額と大きく異なっている場合には、弁護士から確認の連絡が来るかと思います。

4. 再生計画案の作成・提出（弁護士の仕事）

弁護士において、最低弁済額を算出し、その金額を原則3年（最長5年以内）で、分割返済していく再生計画案を作成、提出いたします。債務者本人が特にやることはありませんが、最低弁済額が予想より上がり、毎月の返済額も上がる場合には、弁護士から連絡が来るかと思います。

その後、必要に応じて再生計画案の修正

その後、約1カ月で、「再生計画認可決定」が出ます。

その5週間後に、「再生計画認可決定確定」となります。

5. 債権者への通知・送金先口座確認（弁護士の仕事）

弁護士から各債権者宛てに、「再生計画が認可され、○月○日に確定する予定です。債権者に○月から再生計画に従って返済を開始いたしますので、返済振込先口座をお知らせください」との通知を送ります。

債権者から返信のあった振込先口座通知書を整理します。

※再生手続の中には、再生計画案に対して債権者の意見を聞く場面があります。

しかし、ほとんどの債権者は、異議を唱えることなく、再生計画案を認めてくれます。
弁護士の方で、異議を出す恐れがある債権者がいる場合には、事前に異議を出す予定か確認をします。もし、その債権者が異議を出す予定という場合には、債権者の議決のない給与所得者等再生手続ができないかを検討します。

再生開始決定の連絡を受けてから6カ月ほどたったころ、神坂弁護士から望月へ連絡が来た。それまで、開始決定のときに裁判所で指定された積み立て勧告の3万円を、神坂弁護士の預かり金口座へ送金を続けた。

「望月さん、ご依頼いただいていた再生手続について、無事に再生計画の認可がなされ確定しました。来月から再生計画に従った支払いがスタートいたします。支払いについては、望月さんの方でやっていただきますので、説明のため、事務所に来ていただけないでしょうか。○月10日午後2時のご都合はいかがでしょう」
「そこまできたのですね。ありがとうございます。では、○月10日午後2時で大丈夫です。その日時に、事務所にうかがいます」

⑹ 最終報告

「望月さん、ここまで大変お疲れさまでした。無事に再生手続終了しました。これが『**再生計画認可決定書**』という裁判所のお墨付きです。この結果、来月から、再生計画にそった支払いがスタートいたします。

こちらの再生計画をご覧ください」（巻末資料参照）

「このとおり、もともとあった総額約５００万円が、１００万円に圧縮され、それぞれの債権者の額も、このように圧縮されました。そして、これを3年、36回払いで払っていくことになります。最後に端数となっています。

Ｂカードには、毎月３３５６円、Ｃ信販には２８６６円、Ｄ社には１６６０円、Ｅ銀行には６８５８円、Ｆ社には４５１１円、Ｇ信用金庫には８６０７円で、あわせて約２万８０００円です。振込先は、それぞれこの振込指定書に書いてあるとおりです。指定の口座に、毎月28日までに送金してください。振込手数料は望月さんの負担になりますのでご注意ください。

これで、弁護士の業務は終了となります。もし、支払いが滞るようであれば、債権者から直接望月さんへ連絡がいくことになるので、注意してください。

弁護士の預かり金口座への積み立ては、終わりになります。積み立ての代わりに、業者への支払いが再開します。送金していただいたお金から、弁護士費用と裁判所へ納める費用を除いて、現在3万5000円の預かり金がありますので、こちらを返金いたします。返金先の口座をお知らせください」

望月は、返金先口座を記入して、神坂に渡した。

「これで再生手続は終了です。お疲れさまでした。ここまで、本当によく頑張られましたね。ただ、これからが大切ですよ。家計収支のバランスをとりながら、再生計画に従った返済を頑張ってしてください。これまで、きちんと積み立てができていましたから、望月さんならきっと大丈夫です。

個人再生手続をご依頼いただきまして、ありがとうございました。また何かありましたらって、何もないのが一番ですが、もし何かお困り事があれば、ご相談ください」

と神坂は笑顔で頭を下げた。

「このたびは、大変お世話になりありがとうございました。また先生にお世話にならないようになるべくしたいのですが、もし何かあればまたご相談いたします」

そう望月は笑いながら言った。

第7章

任意整理

1　任意整理とは

任意整理は、自己破産や個人再生と異なり、裁判所の手続きを利用しません。依頼を受けた弁護士が、各債権者と個別に交渉して、債務者が支払い可能な分割返済和解をまとめていくものです。

その多くは、最終取引日までの残金を固定させて、それを36回（3年払い）や60回（5年払い）に、分割していきます。例えば、60万円であれば、毎月1万円ずつ60回払いと、分割返済を債権者に提案し、おおむね債権者も合意してくれるのです。

ただ、任意整理は、弁護士が提案した分割返済案について、債権者が合意した場合に、その分割返済になるというもので、債権者がNOと言い続けて、合意してもらえない場合には、任意整理ができないということになります。

分割期間が長期になれば、毎月の返済額を減らすことができますが、最大60回（5年）までとする債権者が多いようです。

2　任意整理のメリット・デメリット

(1) 任意整理のメリット

① 毎月の約束返済額を減額できる

任意整理では、弁護士が業者と交渉して、無理なく支払える分割返済案を提案し、毎月の約束返済額を減額することができます。

② 将来利息や遅延損害金をカットできる

弁護士を通じた任意整理を行うことによって、その多くは、これまでより月々の約束返済額を少なくすることができますし、将来利息や遅延損害金をカットしてもらうことができます。

法的には、遅延損害金や将来利息を払う必要があるのですが、弁護士による任意整理の場合には、遅延損害金や将来利息の支払いを免除してもらえることが多いのです。

③債権者を選ぶことができる

任意整理では、自己破産や個人再生と異なり、全ての債権者を対象とする必要はなく、任意整理をしたい債権者を選ぶことができます。例えば、保証人付きの借金や自動車ローン債務については、外して、それ以外の借り入れについて、任意整理をするということも可能です。

④手続きは弁護士にお任せでいい

任意整理を弁護士に依頼した場合、弁護士がそれぞれの貸金業者と交渉をして、返済可能な分割返済案を業者に提案し、まとめていきますので、依頼者が特にやることはありません。他方で、自己破産や個人再生では、弁護士に依頼をした後も、弁護士に全てお任せというわけにはいかず、債務者自身で、さまざまな書類を作成し、準備する必要があります。

⑤家族や第三者に内緒でできる

自己破産や個人再生では、官報に名前が載り、また裁判所提出書類の準備に家族の協力が必要な場合があることから、家族や第三者に内緒でできるとは限りません。

他方で、任意整理は、官報に名前も載らず、裁判所に提出する書類もありませんので、家族や第三者に知られることはまずありません。

(2) 任意整理のデメリット

① 元金は減らない

任意整理では、将来利息や遅延損害金をカットしてもらえることが多くても、元金自体をカットしてもらえることはまずありません。

② 返済能力が必要

任意整理では、自己破産や個人再生と異なり、元金自体をカットできないため、毎月の約束返済額は、多くなりがちです。そのため、一定の返済能力が必要になります。

③ ブラックリストに載る

任意整理も、自己破産や個人再生同様、ブラックリストに載り、しばらくはお金を借りたり、ローンを組んだりすることができなくなります。

3　任意整理の流れ

弁護士相談によって任意整理方針が決まると次のような流れになります。

弁護士受任：返済予定額の積み立て開始

↓

弁護士から債権者に受任通知送付（これで取り立てが止まり、支払いはいったん凍結）

↓

債権調査：各債権者の債権額の確認

↓

積み立てができていること（返済能力）を確認

↓

和解案（分割返済案）の提案

↓

弁護士が債権者と交渉

↓

債権者との間で合意成立

↓

和解書（分割返済合意書）の作成

↓

依頼者への報告（弁護士の業務は終了、積立金精算）

↓

依頼者による和解書にそった返済開始

↓

借金完済！

(1) 返済予定額の積み立て開始

相談によって、任意整理でいくことになった場合、弁護士の預かり金口座に積み立てを開始してもらいます。私の場合、積み立ての金額は、借金総額を60回で割った金額を目安にしています（例えば１２０万円なら、月２万円）。

弁護士費用の着手金を一括で用意できない人の場合、この積立金を弁護士費用の分割払い兼用とすることが多いです。

(2) 受任通知発送

弁護士から、各債権者に対して「弁護士が代理人となりこれから任意整理を行います」との受任通知を発送します。受任通知が届くと、支払いはいったん凍結し、支払いをしなくても、債権者から督促の連絡が来ることはありません。

(3) 債権調査

弁護士は、受任通知の中で、各債権者に対して「取引履歴書」を出してもらうことも要請します。

債権者にもよりますが、1カ月以内には、取引履歴書が弁護士のもとに送られてきます。この取引履歴書を確認し、利息制限法による引き直し計算が必要であれば、計算をします。また依頼者が申告していた金額と大きく違う場合には、依頼者に確認したりします。

⑷ 積み立て状況の確認

予定していた積み立てができているか確認します。債権調査の結果、積み立ての増額が必要な場合には、依頼者に伝えて積立金の増額が可能かを検討してもらいます。

例えば、当初は債権額が１２０万円だと思っていたのが、債権調査の結果１５０万円だったことが判明した場合には、１５０万円÷60＝２万５０００円となり、２万５０００円の増額が可能かを検討してもらうのです。

⑸ 和解案の提案

債権総額からみて、必要な積み立てが３カ月程度継続してできている場合には、債権者ごとに、総額いくらなのか、毎月いくらの返済なのかを示した和解書を作成します。その後、和解案を、各債権者に提案します。

⑹ 弁護士が債権者と交渉

弁護士から出された和解案について、債権者の方で検討してもらい、それでＯＫとなれば、和解成立です。

債権者において、この和解案ではのめない場合には、どこがのめないのか知らせてきます。例えば「総額については、和解日までの遅延損害金をつけて〇〇円にしてください」「分割は、60回までです」などと言ってきます。

この場合には、弁護士は、「総額については、50万円にしてください」「分割は、72回ではどうでしょう」などと交渉をして、双方の合意点を探ります。

この交渉において、「毎月の返済額総額」が、依頼者がこれまでやってきた積立額より低くなれば和解をします。他方で、積立額より増えてしまいそうなときには、依頼者と相談する必要があります。

ここでの交渉は、法的にこうだからという主張ではなく、「毎月これまでしか返済できない」ということを盾にして、債権者に対して、お願いするような感じになります。法的な観点からいえば、債権者は、債務者が約束していた支払いを怠ったときには、「一括で」「支払日までの利息や損害金をつけて」請求できる立場にあります。ですから、債務者の側で、「分割払い」や「利息、遅延損害金カット」を債権者に対して強制できる立場にはありません。

もっとも、弁護士による任意整理の多くの場合には、債権者は「分割払い」「将来利息のカット」については、おおむね応じてくれています。

ただし、弁護士による任意整理においても、「元金の一部カット」は、応じてくれません。

また、業者によっては、最終取引日から和解日までの遅延損害金のカットに応じてくれないこともあります。

(7) 和解成立、和解書作成

交渉によって、和解が成立すると、和解書を作成します。これは、債権者側が作成する場合もありますし、弁護士側で作成することもあります。

(8) 弁護士からの報告

全ての債権者と和解書の取り交わしが完了したら、弁護士が依頼者に報告をします。取り交わした和解書を示しつつ、それぞれの債権者との間で、新しく決められた弁済計画について説明します。

弁護士によっては、このまま積み立てを継続してもらい、弁護士の方で、債権者への支払代行も行うところもありますが、私は、積み立てを終了し、弁護士費用を精算した上で、預かり金を返金します。そして、その後は直接依頼者から、各債権者への返済を開始してもらうようにしています。ここで、弁護士の業務は終了となります。

⑼ 返済開始

弁護士から和解書を受け取り、その和解書で定められた毎月の金額を指定の口座へ送金する形で、各債権者への返済を開始します。返済した記録（振込受付票）は念のため保管しておきましょう。和解書記載の月々の返済額は、この金額を払っていれば、債権者から文句は言われないというものなので、多く支払っても構いません。

ただし、今月2カ月分払ったからといって、来月の支払いは当然に免除されるわけではなく、今月多く払った分は、後に充当されると思っておいた方がよいでしょう。

何かの理由で、手元にまとまったお金ができて、残金を一括で返済しても構いません。ただその場合には、残金がいくらなのかを債権者に確認し、残金を一括返済することを伝えた上で、返済をした方がよいでしょう。

※もし、約束どおり返済できなくなったら？

期限までに、決められた金額を返済できない場合には、債権者から連絡が来ます。支払える見込みがあるなら、「〇日までに支払います」と言えば、大丈夫です。しかし、収入が減るなどして、今後、支払える見込みがない場合には、弁護士に相談してください。

⑽ そして完済！

無事完済すると、債権者から完済通知書や借り入れをしたときの契約書が送られてくることもあります。

これで、借金生活脱出です。おめでとうございます！

よく頑張ったと、自分自身をほめてあげてください。

■コラム■

忘れたころに業者からある日突然請求が来た
——時効援用通知で解決できる場合もある

Q：10年以上も前に、返済が滞って、その後転居したために、そのまま放置していた借金がありました。住民票を登録したところ、B債権回収会社から、「遅延損害金も含めて250万円を支払ってください、分割の相談には乗りますから、連絡をください」といった書類が家に届きました。250万円もとても払えないので、自己破産した方がよいのでしょうか。


A：時効援用通知で解決できますから、自己破産をする必要はありません。

最終取引日（最後に借りた日、返した日）から5年を経過していれば、消滅時効が成立していますから、弁護士を通じて時効援用通知を送っておけば、その後、債権者は請求を諦めるでしょう。

もし、債権者が裁判を起こしてきても、時効援用をするという反論をすれば、大丈夫です。既に、債権者が裁判を起こしている場合には、消滅時効援用の主張をすれば、諦めて取り下げることでしょう。

注意していただきたいのは、**少額でも返済をしないようにしてください。**少しでも返済してしまうと、時効を援用することができなくなります。

また債権者と和解をしてしまうとやはり時効が使えなくなります。そこを債権者は狙って、「大幅に減額しますから、月々○○円でいいですから、返済しませんか」と言って、和解させようとしてくるのです。

「随分前の借金の請求書が届いたな」と思ったら、債権者に連絡をとらずに、とりあえず弁護士に相談してみてください。相談してみると「あ、これは、時効にかかっていますね。払わなくて大丈夫ですよ」とあっさり解決できるかも知れません。

※ただし、債権者が、既に判決を取っている場合には、判決確定の日から10年となります。

第8章

弁護士に相談する・依頼する

1　弁護士の探し方

⑴ 弁護士には相談するだけでもいい

弁護士への依頼は、まず相談をしてからになります。相談だけで終わって、依頼をしなくても構いません。

弁護士に依頼するかどうかは、相談をした後で決めてもいいのです。依頼を留保して、別の弁護士に相談しても構いません。

そこで、弁護士の探し方とは、まず相談する弁護士を探してみるということになります。どのように探せばよいのでしょうか。

⑵ 知り合いに紹介してもらう

知人が信頼できる弁護士を知っている場合、その弁護士を紹介してもらって、相談するとよいでしょう。特に知人自身が、借金問題をその弁護士に依頼して解決できたということであれば、自分の借金問題についても安心して依頼できそうです。

弁護士としても、紹介で来られる人は安心なので、信頼関係が築きやすいというメリットもあります。

ただ、注意していただきたいのは、相談してみて、よい印象を受けず、合わないと感じた場合には、知人が紹介してくれたからと、そのまま依頼をしないようにしてください。自分の目で見て確かめて、その弁護士が信頼できると判断して依頼するようにしましょう。知人の紹介であっても、相談だけで終わりにしてもいいのです。

(3) ホームページ

今や多くの弁護士、法律事務所がホームページを持っています。「(あなたがお住まいの地域) 弁護士　借金相談」と検索をかけてみれば、たくさんの弁護士サイトが表示されることでしょう。借金問題について、自分が知りたいことを、詳しく、わかりやすく書いているのであれば、経験や知識があると推測できます。

ホームページを見て、信頼できそうだなということであれば、電話やメールをして、相談を申し込みます。

ただし、どの弁護士もいいところしかホームページに掲載していませんので、依頼するかどうかは、実際に相談をした上で決めましょう。

⑷ 弁護士会の法律相談センターや法テラス

弁護士会の法律相談センターや法テラスでは、弁護士による相談を受けることができます。法テラスでは予約が必要ですし、弁護士会の法律相談センターでも必要な場合がありますので、事前に電話をして問い合わせてみるとよいでしょう。最寄りの地域と法テラスあるいは弁護士会相談と検索してみてください。（例えば「仙台　弁護士会相談」）

弁護士は交代で、相談担当をしていますので、どのような弁護士に当たるかはわかりません。相談をしてみて、その弁護士が信頼できるということであれば、そのまま依頼を申し込みます（後日、あらためてその弁護士の事務所に行って、契約をすることになることが多いようです）。

もし、相談してみて、この弁護士とはちょっと相性が合わないな、頼りないなと思うのであれば、別の弁護士に相談しても構いません。

ただし、その際には、以前の弁護士の「悪口」はやめておきましょう。なぜなら、弁護士からすると、そういう相談者の依頼は受けたくないなと思うことが多いからです。

2　よい弁護士、そうでない弁護士の見分け方

弁護士の目からみて、依頼してもよい弁護士とそうでない弁護士の特徴をお話ししましょう。

(1) よい弁護士の特徴

依頼してもよい弁護士の特徴です。

・態度が穏やかで誠実
・説明が具体的でわかりやすい
・見通しについて、ネガティブなことも含めて、説明をする
・弁護士費用について、具体的に説明する
・質問に対して、丁寧に、誠実に答える
・解決方法について、希望を聞きながら、どの方法が望ましいのか説明をする

その他、弁護士ではありませんが、対応する事務員さんの感じがよいと安心です。

⑵ お勧めしない弁護士

逆に、お勧めしない弁護士の特徴です。

・態度が横柄、尊大
・事務員に対する態度がぞんざい
・説明がわかりにくい
・任せてくださいと依頼を強く勧めてくる
・弁護士費用の説明をしない、あいまいな説明しかしない
・こちらからの質問にきちんと答えない
・他の弁護士の悪口を言う
・理由を説明せずに、とにかく自己破産を勧める
・着手金について、分割払いを認めない

3 弁護士についてよくある質問

Q：遠方の弁護士に依頼しても大丈夫か？

ネットで良い弁護士さんがいないか調べてみると、感じのよい弁護士さんが見つかりました。しかし、今私が住んでいるところからは、遠方に事務所があります。自己破産を遠隔地の弁護士に依頼してもよいのでしょうか。

A：悪いわけではありませんが、自己破産や個人再生手続の場合、何度か弁護士と打ち合わせをする必要があって、時間や費用がかかりますし、申し立てをする裁判所は、自分が住んでいるところの裁判所になりますから、その裁判所の運用をよく知っている、自分が住んでいるところの弁護士の方がよいと思います。

自己破産手続は、多くの弁護士がよく取り扱う事件の一つですから、近くの弁護士の中でも、自己破産手続をした経験のあるよい弁護士さんが見つかると思いますよ。

Q：依頼している弁護士のことが不安になったら

今、自己破産を弁護士に依頼しているのですが、頼りなく不安になりました。そのまま依頼を続けて大丈夫でしょうか。

A：もしも、依頼した弁護士が、「大丈夫かな」と不安に思うような場合には、別の弁護士に相談してみてください。いわゆるセカンドオピニオンです。

相談してみれば、客観的な視点から、手続きの進め方について問題があるのかないのか、また依頼者として、弁護士に対してどのように対応していけばよいのかをアドバイスしてくれることでしょう。

私も時々「現在、別の弁護士に依頼しているのですが、不安で、そのまま依頼を続けていいのか悩んでいます」といったご相談を受けることがあります。

意外とよくあるのが、弁護士の側で仕事はきちんとやっているが、依頼者に対する報告をあまりしていないために、依頼者が不安になっているケースです。

また、依頼者が、ネットで見た「成功事例」をそのまま自分のケースに当てはめて、過度に期待をしたり、逆に過度に不安になっていたりするようなこともあります。

もちろん、中には、「この弁護士さん大丈夫かな？」というケースもあります。

他の弁護士に相談してみることで、依頼している弁護士に対する不安が解消される場合もありますし、不安な点を依頼している弁護士に質問することもできて、信頼関係を築ける場合もあります。

また、他の弁護士に聞いてみて、今依頼している弁護士のやり方には問題があるということであれば、依頼を解消して、別の弁護士に依頼するということも検討できるでしょう。

弁護士に事件を依頼するということは、依頼者と弁護士が二人三脚で、一緒に問題解決のために頑張っていくということになります。ですから、依頼者と弁護士との間に信頼関係があることが大切です。信頼関係がないままでは、問題解決がおぼつかなくなってしまうのです。

信頼関係がなくなったときは、依頼を解消することも選択肢の一つです。

Q：弁護士の事件の進め方に疑問や不満を持ったら

今、個人再生を弁護士に依頼しているのですが、事件の進め方に不満があります。どうすればいいのでしょうか。

A：まずは、依頼されている弁護士に対して、疑問に思っていることや不満に思っていることを、伝えてみてください。なかなか言いづらいことかも知れませんが、伝えなければ、改善されることもないでしょうし、質問をすることで、簡単に疑問が解消できるかも知れません。多くの弁護士が、誠実に対応してくれると思います。

ただし、疑問や不満の伝え方、モノの言い方には、工夫が必要です。穏やかに丁寧に、伝えるようにします。そうではなく、頭ごなしに不満をぶつけたり、強く非難すると、弁護士も人ですから、感情的になって、あなたが責められたり、辞任されるかも知れません。

おわりに

なぜ借金が増えてしまったのか　――借金問題解決後も忘れない

任意整理や個人再生をやって、返済計画に従って借金を完済すると借金はなくなります。自己破産は、手続きが終了するだけで借金は消えます。きっと、ほっとされていることでしょう。でも本当に大切なのは、その後、どう生活するかです。

借金整理で解決できるのは、あくまで、これまであった借金について消滅させただけで、これからの生活を保障してくれるわけではありません。

借金問題で困ったことには、必ず原因があります。その原因を除去しないまま生活していると、また同じ借金生活に逆戻りをしてしまいます。

自分で「収入＞生活費支出」の生活を実践していかなければ、また借金に頼ることになってしまうのです。

そこで、手続きが終わった後に、あらためて、どうして借金が増えてしまったのか、振り返るようにしておいてください。

当たり前のことですが、借金が増えてしまった原因が、競馬やパチンコなら、やってはいけません。再びやってしまえば、また借金生活です。懲りずにギャンブルをやっていれば、間違いなく借金が増えていきます。

生活費が不足して借金生活になってしまったということであれば、従前の生活費支出を見直す必要があるということです。

なぜ借金を増やしてしまったのか、その原因を忘れないようにしてください。

そして、原因を忘れないようにするために、**これからも毎月の家計収支表を作っていただければと思います。**

家計収支表を作ることによって、自分の収入と支出状況を毎月チェックするようにしておけば、自然と収入に見合った支出にコントロールすることができます。また、「軽症」のうちに、手当てをすることができます。

そして、収入＞生活費支出の生活を行い、余った分は、貯蓄に回すことができるでしょう。半年分の生活費を賄える貯金があると安心です。貯金があることによって、いざという出費にも借り入れをせずに対応ができるようになります。

こうして、「序章」でお話しした借金問題解決のための最後のステップが完了します。

ステップ5　引き続き「収入」「生活費支出」をコントロールして、貯蓄を行い、余裕のある生活を実現する

借金問題に困っている多くの人が、本書をきっかけに、借金問題解決に向けた一歩を踏み出されることを願っております。

そして、無事解決した後も、再び借金生活に戻ることがないことを祈ります。

最後に本書の出版にあたっては、みらいパブリッシングの田川妙子様、近藤美陽様他多くの方に助けていただきました。ありがとうございました。

弁護士　神坪　浩喜

あやめ法律事務所にて

家計収支表

年　月分（　月　日～　月　日）

どの科目にもあてはまらないものは，余白に記入してください。

収入		支出	
科目	金額	科目	金額
（自分の分）		家賃，地代，管理費	円
給与（　　　）	円	食費	円
給与（　　　）	円	電気料金	円
	円	ガス料金	円
失業保険	円	水道料金	円
年金（　　　）	円		円
年金（　　　）	円	電話料金	円
傷病手当	円	衣類，日用品代	円
生活保護（世帯分）	円	医療費	円
児童手当（世帯分）	円	自分の保険料	円
子ども手当（世帯分）	円	の保険料	円
	円	教育費	円
（同居者分）		教育費等の送金	円
同居者　　の給与	円	新聞，テレビ受信料	円
同居者　　の給与	円	駐車場代	円
同居者　　の失業保険	円	ガソリン代	円
同居者　　の失業保険	円	（車の名義人　　　）	
同居者　　の年金	円	交通費	円
同居者　　の年金	円	税金	円
同居者　　の傷病手当	円	娯楽・嗜好品代	円
	円	（内容　　　）	
	円	交際費	円
	円	（内容　　　）	
（その他）		外食費	円
からの援助	円	自分の返済分	円
からの援助	円	同居者　　の返済分	円
	円		円
収入合計	円	支出合計	円

符号

特　定　調　停　申　立　書

令和　　年　　月　　日

東京簡易裁判所　御　中

特定調停手続により調停を行うことを求めます。

申　立　人	住　所　〒　　－ （送達場所）□同上　□次のとおり フリガナ 氏　　名　　　　　　　　　　　印 （契約時の氏名）□同上　□ （契約時の住所）□同上　□ 生年月日　昭・平　　年　　月　　日生 電話番号　　－　　－　　（FAX番号　　－　　－　　）
相　手　方	住　所（法人の場合は本店）　〒　　－ 氏　名（法人の場合は会社名・代表者名） （支店・営業所の名称・所在地）〒　　－ （電話番号　　－　　－　　FAX番号　　－　　－　　）
申立ての趣旨	債務額を確定したうえ債務支払方法を協定したい。
紛争の要点	1　債務の種類 □　借受金債務　　□保証債務（借受人　　　） □　立替金　　□その他（　　　） 2　契約の状況等 (1)　契約日　　　年　　月　　日 (2)　借受金額等　　金　　　　円 (3)　現在の債務額（残元金）金　　　　円 （契約番号　　　　） □　別紙のとおり

貼用印紙欄		受付印欄
	調停事項の価額　100,000円 手　数　料　500円	
	貼用印紙　500円	
	予納郵便切手　円	

（一般個人用）

特定債務者の資料等（一般個人用）

1　申立人

（ふりがな）

氏　　　名 ________________________________

2　申立人の生活状況

(1)　職業（業種・担当等）________________________________

勤務先名称：________________________________

勤続期間：______年______月

(2)　月収（手取り）：____________円　　給料日：毎月______日

(3)　その他：________________________________

3　申立人の資産・負債（該当する□に「レ」を記入すること。以下同じ。）

(1)　資産：□土地　□建物　□マンション　□自動車　□その他（　　　　）

(2)　その他の財産の状況：□預貯金（　　　円）　□株式　□生命保険等（返戻金有）

□その他（　　　　　　）

(3)　負債：紛争の要点2及び関係権利者一覧表のとおり

4　家族の状況（申立人と生計を同一とする者を記入すること。）

氏　　名	続　柄	職　　業	月収（手取）	同居・別居
			円	□同　□別
			円	□同　□別
			円	□同　□別
			円	□同　□別
			円	□同　□別

5　その他返済額等について参考となる事項

6　返済についての希望

毎月________万円くらいなら返済可能

ご　注　意

①　該当する事項を○で囲み，□に√（チェック）印を付け，必要事項を記入して下さい。記入する欄が不足する場合には，この陳述書の用紙と同じ規格（Ａ４判）の用紙に記入し，末尾に添付して下さい。

②　各項目の必要書類については，添付書類一覧表に従って，その写しを添付して下さい。

陳　述　書（小規模個人再生用）

令和３年５月１０日作成

仙台地方裁判所　　　　　　　　裁判官　殿

氏　名《ふりがな》（申立債務者）　望月《もちづき》三郎《さぶろう》　　㊞

生年月日　昭和５９年１０月２５日　（年齢３５歳）

本　籍　宮城県仙台市青葉区青葉１０－９－８

居　所（現在住んでいる所）　（〒９８１－３１３３）

宮城県仙台市泉区泉中央８－７－６

住　所（住民票上の住所－上記居所と異なる場合にのみ記載）

第１　職業，収入の額及び内容等

１　職　業

現在の職業　■ 会社員　□ 公務員　□ 団体職員

□ その他（具体的に：＿＿＿＿＿＿＿＿＿＿＿＿＿＿）

現在の職業についた時期：平成　２１年４月

地位（役職名）・仕事の内容：＿係長・営業＿＿＿＿＿＿＿＿

勤務先名：＿田代建設株式会社＿＿＿＿＿＿＿＿＿＿

２　収　入

(1)　事業収入

ア　主な事業の月額売上額

平均月額＿＿＿＿＿万円

多い月で月額＿＿＿＿万円，少ない月で月額＿＿＿＿万円

イ　主な事業の月額利益額

平均月額＿＿＿＿＿万円

多い月で月額＿＿＿＿万円，少ない月で月額＿＿＿＿万円

ウ　事業の内容

(ｱ)　営業所の有無　□ あり　□ なし

(ｲ)　事業の具体的内容

(ｳ) 今後の事業収入の見込等

申立て後の事業収入については

■ 状況に大きな変化がない限り，申立て前6か月間の状況とほぼ同様の状況が続くものと見込まれます。

□ 今後，以下のような変化があると見込まれます。

(2) 給与収入

ア 月 収（手取額） ： ２５万円（毎月の支給日２５日）

イ 賞 与（ボーナス手取額） ■ なし

□ あり（最近１年間に受け取った額及びその時期）

＿＿＿＿万＿＿＿＿円　＿＿年＿＿月

＿＿＿＿万＿＿＿＿円　＿＿年＿＿月

＿＿＿＿万＿＿＿＿円　＿＿年＿＿月

ウ 年金，各種扶助等の受給額（月額手取額） ２万円

種 類 ■児童手当 □児童扶養手当 □公的年金

□その他の公的給付（　　　　　　　　　　）

エ その他の給与以外の収入（月額手取額） ＿＿＿＿万＿＿＿＿円

（具体的内容：＿＿＿＿＿＿＿＿＿＿＿＿＿＿＿＿＿＿）

オ 収入の合計金額　月額手取額　２７万円

年額手取額　３２４万円

3 過去の職業，収入等

(1) 過去２年分の年収額

申立ての前年度（１月１日～１２月３１日）の収入額　３４０万円

申立ての前々年度（１月１日～１２月３１日）の収入額　３２０万円

★ 申立ての前年と前々年（いずれも1月1日から１２月３１日まで）の年収額（源泉徴収票等に基づいた額面額）を記載してください。転職等をした場合には，各年ごとに転職等の前後の収入額（源泉徴収票等に基づいた額面額）の合計を記載してください。

(2) 過去２年間に職業の変動があった場合には，その期間及び第１の１の事項（「現在の職業についた時期を除く）を記載してください。

(3) 過去２年間に，就業先の変更などの理由により，年収の額がそれまでの額と比べて５分の１以上の変動（例えば，それまで年収３００万円であれば，６０万円以上の増減）したことが

■　ない

□　ある　→　その具体的事情は次のとおりです。

第２　生活の状況

１　家族関係

氏　名	申立人との関係	生年月日	職　業	月　収	同居の有無
望月由美	妻	S60･1･17	パート	7万円	■同居□別居
望月賢太	子	H28･5･10		円	■同居□別居
		・　・		円	□同居□別居
		・　・		円	□同居□別居
		・　・		円	□同居□別居

別居している被扶養者の住所（　　　　　　　　　　　　　　　　　　）

別居先の住居の状況

□ 申立人所有の家屋　□ 親族所有の家屋（無償）

□ 借家･賃貸マンション・アパート　□ 社宅･寮　□ 公営，公団の賃貸住宅

□ その他：＿＿＿＿＿＿＿＿＿＿＿＿＿＿＿＿＿＿＿＿

２　住居の状況

現在の住居の状況

■ 申立人所有の家屋　□ 親族所有の家屋（無償）

□ 借家･賃貸マンション・アパート　□ 社宅･寮　□ 公営，公団の賃貸住宅

□ その他：＿＿＿＿＿＿＿＿＿＿＿＿＿＿＿＿＿＿＿＿

現在の住居について，申立人が家賃を支払っている場合は，次に記入して下さい。

１年間に支払う家賃（管理費込み）の額

＿＿＿＿＿万＿＿＿＿＿円

３　家計の状況

(1)　別添の「家計収支表」記載のとおり

(2)　「家計収支表」の収支状況に照らした収入・支出の見込額

①　今後の平均収入の合計見込月額は，　＿３４万円

★再生債務者の手取り年額＋家計の収入に加える同居者分の年額を１２で割ってください
（ボーナス等の臨時の収入が見込める場合はその年額を１２で割って加えてください。）

②　今後の平均支出の合計見込月額は，　＿３１万円

★住宅ローン及び申立人の債権者に対する1か月の約束返済額を「0」円として計算してください。

③　弁済予定額に当てる今後の弁済原資合計見込み月額

①－②　＝　　　　　　　　　　　　　　3万円

第3　財産の状況

1　別添の「財産目録」記載のとおり

2　過去2年間に，不動産の贈与や売却をしたり，生命保険等の名義変更や解約をした　り，その他自己の財産の処分をしたことは

□ ない

■ ある

(1)　処分した財産の種類：　生命保険

処分の内容　□贈与　□売却　□名義変更　■解約　□その他

時　　期　　2年3月ころ

相　手　方　＿＿＿＿＿＿

売却の場合の価格　＿＿＿＿＿＿

生命保険等の解約の場合には返戻金額　２０万円

売却金・返戻金の使途　生活費・借金返済

(2)　処分した財産の種類：＿＿＿＿＿＿

処分の内容　□贈与　□売却　□名義変更　□解約　□その他

時　　期　　＿＿年＿＿月ころ

相　手　方　＿＿＿＿＿＿

売却の場合の価格　＿＿＿＿＿＿

生命保険等の解約の場合には返戻金額　＿＿＿＿＿＿

売却金・返戻金の使途　＿＿＿＿＿＿

＊　処分した財産が不動産の場合には，不動産登記簿謄本を添付して下さい。

＊　二つ以上ある場合には，別紙に記載して添付して下さい。

3　相続

過去に相続により財産を取得したこと（遺産分割未了の場合を含む）が

■　ない

□　ある

被相続人の名前　＿＿＿＿＿＿

被相続人との関係＿＿＿＿＿＿

時期　　　　昭和・平成＿＿年＿＿月

相続したもの　＿＿＿＿＿＿

＊　二つ以上ある場合には，別紙に記載して添付して下さい。
＊　遺産分割が未了であったり，名義が被相続人のままである場合も，相続が発生している限りあなたの財産ですので，財産目録にも忘れずに記載して下さい。

第4　負　債

1　負債の状況

申立書添付の「債権者一覧表」記載のとおり

2　公租公課（税金など），罰金等の滞納の状況

納付すべき税金，社会保険料，罰金（反則金），刑事訴訟費用，過料等の滞納をしている事実が

■ ない

□ ある（下の表に必要事項を記入して下さい。）

種　　類	納付すべき金額	納　付　時　期
	円	平・昭　　年　　月　　日
	円	平・昭　　年　　月　　日
	円	平・昭　　年　　月　　日
	円	平・昭　　年　　月　　日
	円	平・昭　　年　　月　　日

3　再生手続開始の申立てをするに至った事情

債権者一覧表に記載した債務を負うことになった原因は，次のとおりです。

＊ 次の①から⑧の中から当てはまるもの（複数の原因がある場合はそのすべてに）を選んで，その事項の前にある□に√印を付けて下さい。

■ ① 申立人の病気，勤務先の倒産・リストラ等による収入の減少
□ ② 自動車，家具等の高額商品の購入による支出の増大
□ ③ 住宅の購入による支出の増大
□ ④ 仕事上の接待費の立替払い，契約金の立替払い，営業の穴埋めなどのための借金による支出の増大
□ ⑤ 事業の失敗による負債の発生
□ ⑥ 他人の借金を保証し，保証人として義務の履行を求められている。
■ ⑦ ギャンブル
□ ⑧ その他の原因

以上の具体的な事情は，次のとおりです

＊　チェックした各項目ごとに，具体的かつ簡潔に説明してください。
記載例：「①につき，平成○年○月に十二指腸かいようを患い，３か月入院し，その間の収入が　　　　なかった。」

①につき、平成２８年３月ころより勤務先の業績不振によって、収入が減少し、生活費不足のため借り入れを行いました。

⑦につき、平成３０年３月ころより、パチンコで収入をふやせないかとパチンコをしてしまいましたが、結局、損をして、借り入れをふやしてしまいました。

4　債権者との訴訟等の状況

(1)　債権者との間で「話し合い」や「調停」等の利用をしたことが

■　ない

□　ある

その内容：

(2)　「支払督促」「訴訟」「差押え」，「仮差押え」，「仮処分」等の処分が

■　ない

□　ある　その内容は次のとおり

手続の種類	裁　判　所　名	事件番号	相　手　方

(3)　給与の差押が

■　ない

□　ある

給与の差押を受けているのは，上記(2)のうちの＿＿＿＿＿（番号を記載）で，月＿＿＿＿＿＿円の差押えを受けている。

(4)　不動産の競売手続が

■　ない

□　ある

不動産の競売手続をされているのは，上記(2)のうちの＿＿＿＿＿（番号を記載）

で，競売開始決定は＿＿＿＿年＿＿月＿＿日に行われました。

競売手続きされているのは，□自宅，□その他です。

(5)　住宅ローンについて，保証会社の代位弁済が

■　ない

□　ある

代位弁済は，（＿＿＿＿＿＿＿＿）が，＿＿＿＿年＿＿月＿＿日に行いました。

第５　過去の免責等に関する状況

1　破産免責手続を利用して免責の決定を受けたことが

■ ない

□ ある

昭和・平成 ____年____月____日 免責決定

裁判所名：________地方裁判所______支部

免責事件の事件番号： ____年（モ）第________号

破産事件の事件番号： ____年（フ）第________号

2 過去に再生手続を利用したことが

■ ない

□ ある

□ 再生計画に定められた弁済を終了した。

____年____月ころ申立て

裁判所名：________地方裁判所______支部

事件番号： ____年（再イ・ロ）第________号

再生計画に定められた弁済の終了 ____年____月____日

□ 再生計画による弁済を行っている途中で，弁済を続けることが極めて困難となり，再生手続きによる免責(ハードシップ免責)の決定を受けた

____年____月ころ申立て

裁判所名：________地方裁判所______支部

事件番号： ____年（モ）第________号

弁護士　神坂浩次朗	照会先の電話番号 022−○○○−○○○○
表に関する問い合わせは，上記の照会先に直接連絡をしてください。	

2　返済期間　■ 3年　□ 5年　□　年　月

4　返済金の支払方法

■ 振込送金

（振込先口座は再生債権者が指定，振込手数料は再生債務者が負担）

□ 持参払い

□ その他（　　　　　　　　　　）

返済総額（注2）×20.001%）	各回の返済額（注3）		備　　考
	1か月毎（回）の額	最終回の額	
120,807	3,356	3,347	
103,166	2,866	2,866	
59,755	1,660	1,660	
246,877	6,858	6,858	
162,396	4,511	4,511	
309,854	8,607	8,609	
1,002,855			

	毎月（回）分	最終回分	一括払い分	
の返済額合計	27,858	27,851		
の返済額合計				

利息，損害金の額を個別に記載する必要がある場合には，その欄内に種別を明示して記入する。）

端数が生じたときは切り上げた金額を記載する。

額であり，最終回の返済額で端数調整を行っている。

再生計画による返済計画表（案）

照会先
再生債務者代理人
※この返済計画

仙台地方裁判所　　　令和3年（再イ）第〇〇〇号

再生債務者の氏名　　望月三郎

1 再生計画による免除の率 → 確定債権総額の 79.999 パーセントに相当する額を免除

3 再生計画による返済方法

■ 毎月の返済 → 返済日：毎月28日限り

□ ボーナスによる返済 → 返済時期：毎年　　月と　　月の　　日限り

□ 3か月に1回の返済 → 返済時期：当該月の末日限り

□ その他（　　　　　　　　　　）

債権者番号	届出のあった再生債権者名	確定債権額（注1）	再生計画による（確定債権額
1	Bカード株式会社	604,000	
2	C信販株式会社	515,800	
3	株式会社D社	298,756	
4	E銀行	1,234,321	
5	F株式会社	811,997	
6	G信用金庫	1,538,955	
7			
8			
9			
合計		5,003,829	

毎月（回）
ボーナス時

（注）1 確定債権額欄には確定した元本及び開始決定前日までの利息・損害金の合計額を記載する（元金，

2 再生計画による返済総額欄記載の各金額は，再生計画により算出される弁済額について1円未満の

3 各回の返済額欄記載の額は，再生計画により算出される額について，10円未満の端数を切り上げた

神坪浩喜（かみつぼ　ひろき）

弁護士（仙台弁護士会所属）。あやめ法律事務所所長。

1968 年北九州市生まれ。東北大学法学部卒。

仙台市で、町の身近な弁護士として、離婚問題やハラスメント問題の他、多くの借金相談を受け、自己破産、個人再生、任意整理を活用して借金問題を解決する。また法の基本的な知識、法の見方や考え方を、子どもにもわかりやすく伝えることを使命としている。

著書に、『セクハラ・パワハラは解決できる！～民事調停という選択肢～』（労働調査会）、『本当に怖いセクハラパワハラ問題』（労働調査会）、『弁護士がここまで教える　よくわかる 離婚調停の本』（同文舘出版）、『18 歳までに知っておきたい法のはなし』（みらいパブリッシング）がある。

あやめ法律事務所ホームページ　http://www.ayame-law.jp/

神坪浩喜の本
シリーズ

18 歳までに
知っておきたい
法のはなし

99.9%解決《かいけつ》できる！
借金《しゃっきん》問題《もんだい》解決《かいけつ》法《ほう》

2021 年 8 月 15 日　初版第 1 刷

著　者　神《かみ》坪《つぼ》浩《ひろ》喜《き》
発行人　松崎義行
発　行　みらいパブリッシング
〒 166-0003 東京都杉並区高円寺南 4-26-12 福丸ビル 6 F
TEL 03-5913-8611　FAX 03-5913-8011
https://miraipub.jp　E-mail: info@miraipub.jp
編集　田川妙子
ブックデザイン　池田麻理子
イラスト　光波
発　売　星雲社（共同出版社・流通責任出版社）
〒 112-0005 東京都文京区水道 1-3-30
TEL 03-3868-3275　FAX 03-3868-6588
印刷・製本　株式会社上野印刷所

ISBN978-4-434-29217-0　C0032